# 前言

在很早很早以前，人们居无定所、随遇而安，他们三五成群，通过渔猎、采集获得食物。随着获取食物的方式从渔猎、采集转变为饲养、农耕，人们便逐渐定居下来，居住在不同的定居点。为抵御野兽和外敌侵扰，人们往往会在这些定居点周边修筑一些防御性设施，比如篱笆。这些早期的定居点，既可以被称为“村落”，也可以被称为“城”。随着时间推移，其中一些定居点的人口规模越来越大，出现了社会分工和阶级分化。剩余产品的出现使商品交换成为可能，定居点内便产生了交易，从而具备了“市场”功能，这些定居点也就发展成城市。还有一些城市则是在市场的基础上发展而来的。在有的地区，随着社会生产力发展，出现了产品剩余和交换，人们便需要交易场所。随着交易地点的固定和人员的大量聚集，就产生了“市场”。为保护市场中的产品、人员等的安全，人们便在市场的周边修筑了许多防御设施，就这样，市场发展成城市。

无论是“因城而市”，还是“因市而城”，城市的出现都是人类走向成熟和文明的标志。城市往往还扮演着政治中心、生产交易中心、文化中心等不同角色，城市的修建往往都反映了同一时期该地区最高的生产力发展水平。通过城市，我们不但可以了解某一时期这座城市中人们的生产生活状况，还可以了解一个国家或地区特定时期的政治、经济、文化、科技水平等。因此，城市是了解人类历史发展的一个很好的窗口。

正是出于这样的考虑，本书大致按照时间先后顺序，选取了世界上不同地区、不同时期的23座代表性城市，通过地图、复原图等呈现该城市的地理空间布局、代表性建筑，进而介绍该城市居民的生活场景或与这座城市相关的重要事件，以及该城市所代表文明的主要内容和特点，最后附上该城市所代表的国家或地区历史发展的基本脉络。

本书通过精美的示意图和插图，生动形象地呈现了许多有趣的历史场景，以激发小读者们了解、学习和探索世界历史的兴趣。

由于本书所涉及城市时间上的久远和空间分布上的广阔，疏漏之处在所难免，敬请读者指正。

# 目　录

# 孟菲斯

古埃及人缴纳赋税都是用实物，这些物品包括谷物、家畜、葡萄酒、蜂蜜、亚麻等。
财政府
御礼亭
蓝莲宫
议政厅
圣驾殿
盾宫
禁卫军
小礼堂
禁卫营
文献所
权贵子弟会被送往宫廷学校，学习书写、计算以及各种教谕。
传召房
宫廷学校
东部兵营
书吏苑
墨水和莎草纸的发明，大大提升了古埃及书吏、官员的办公效率。
东街市
花园
行宫
古埃及商队从尼罗河出发，前往南方进行商贸活动，换回乌檀、象牙等物品。
尼
罗

孟菲斯位于非洲东北角、尼罗河三角洲南端，地处埃及的重要地带。

孟菲斯最初被称作“白城”，因为城市的泥砖墙上涂有白色石膏粉末。

御造坊生产的服装大多是用亚麻制成的，它们柔软、轻便且耐用。

孟菲斯建于公元前 3100 年左右，是埃及古王国时期（公元前 27—前 22 世纪）的都城，也是古埃及的政治、文化中心之一。这座古老而又神秘的城市，为人类留下了金字塔、狮身人面像等许多著名的文明古迹。

# 胡夫金字塔

古城孟菲斯的周围分布着金字塔墓地，胡夫金字塔是其中最大的一座金字塔。它是古王国第四王朝法老胡夫的陵墓，被誉为“世界八大奇迹之一”。

金字塔是法老的陵墓，由于这些巨大的陵墓外形像汉字“金”字，所以我们将其称为“金字塔”。

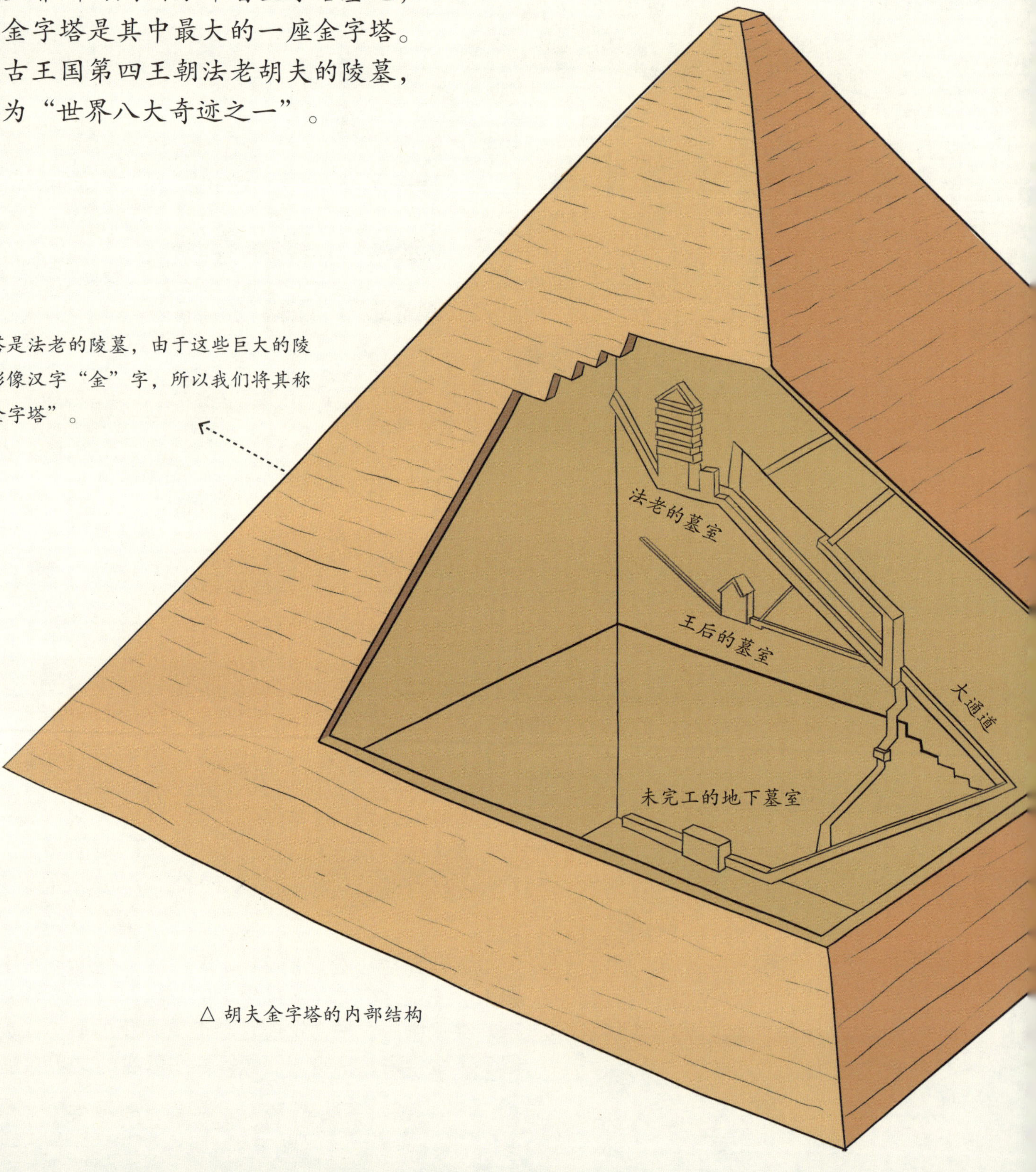


△ 胡夫金字塔的内部结构

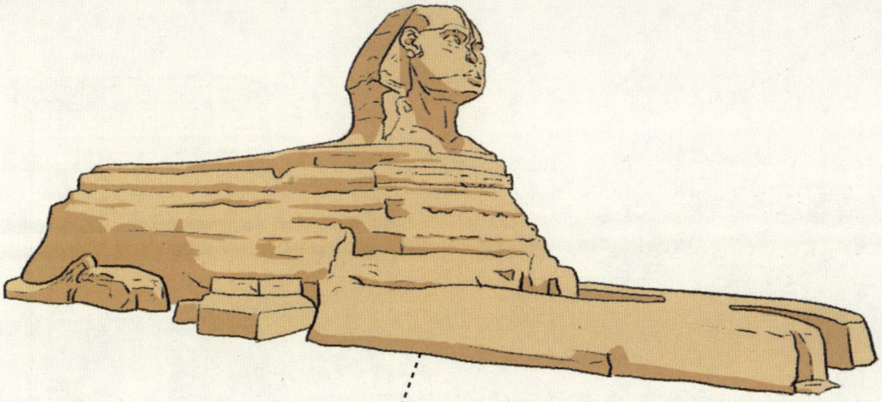

△ 狮身人面像

狮身人面像是世界上最古老、最大的雕像之一。它位于胡夫金字塔的东侧，大约建于公元前 2500 年，除了前爪是用石块砌成的，其他部分都是在一块巨大的天然岩石上凿成的。

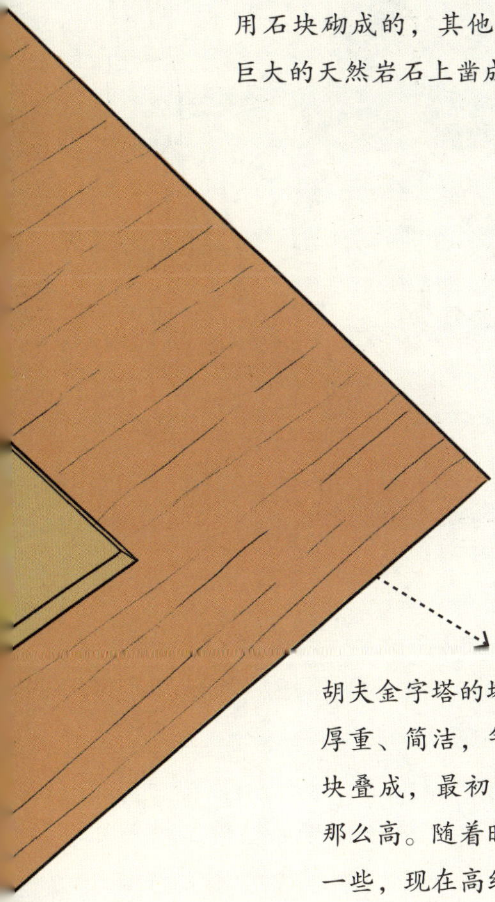

胡夫金字塔的塔身是方锥形，看起来高大、厚重、简洁，气势宏伟。它由约 230 万块石块叠成，最初高约 146 米，相当于 40 层楼那么高。随着时间的流逝，塔顶已经剥落了一些，现在高约 137 米。

## 法老的“永恒宫殿”

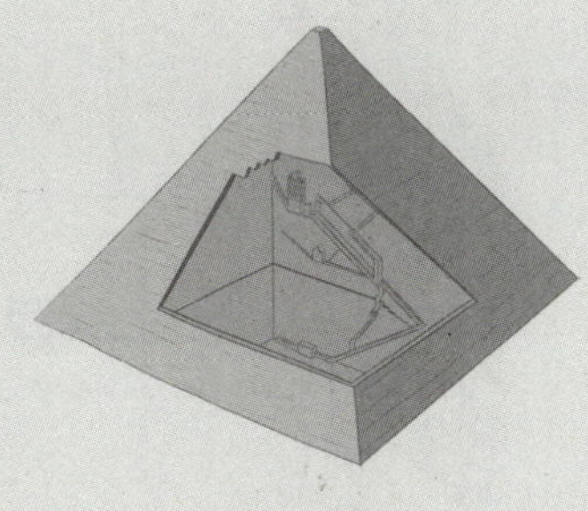

古埃及是四大文明古国之一，也是人类文明最早的发源地之一。

在古埃及，国家的统治者被尊称为“法老”。法老有着至高的权力，被人民当作神一样崇拜。古埃及的法老们在死后会被做成木乃伊，保存在金字塔当中。古埃及人认为，只要木乃伊被保存了下来，法老的灵魂就可以依附在木乃伊中，从而留存下来。这些金字塔，实际上是古埃及法老们死后的“宫殿”。

为了建好自己的“永恒宫殿”，胡夫等法老在生前便开始兴修自己的陵墓，毫不吝惜财力、人力，留下了金字塔这样的奇观。

# 古埃及人的生活

古埃及气候炎热，人们会用轻薄凉爽的亚麻布做衣服。
古埃及常见的蔬菜有洋葱、蚕豆、青豆、莴苣等。
古埃及人喜欢穿戴首饰，他们认为珠宝中蕴含神奇的力量。
古埃及人已经开始饲养家禽。
公元前 19 世纪以前，古埃及人都是赤脚行走的，后来他们发明了一种皮革制的简易凉鞋。
参考壁画

奴隶抬着轿子，贵族舒适安闲地坐在上面。
古王国时期，古埃及人很少使用钱币，他们通常采用以物易物的交易方式。
古埃及人吃的水果有椰枣、无花果、葡萄等。

# 古埃及文明

## 酒也有“身份证”

在早王朝时期，古埃及葡萄酒罐的泥塞子上会有印记，上面注明了制作者的名字、葡萄酒的产地和名称。

## 古埃及的象形文字

古埃及的象形文字是由原始的图画符号演变而来的，它是世界上最古老的文字体系之一。

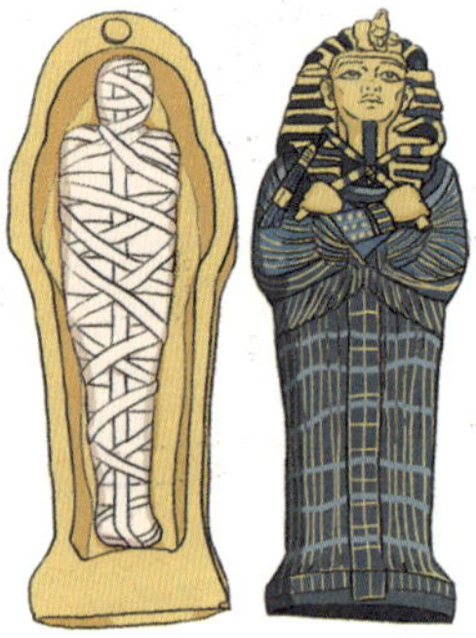

## 木乃伊

古埃及人十分注重遗体保存，会将人的遗体制作成木乃伊。制作木乃伊时，先要将内脏取出，并在遗体中填入香料，缝合后把遗体浸入特制的防腐液中，约70天后取出；取出后缠上麻布、填入香料、涂抹树脂，一具木乃伊就制成了。

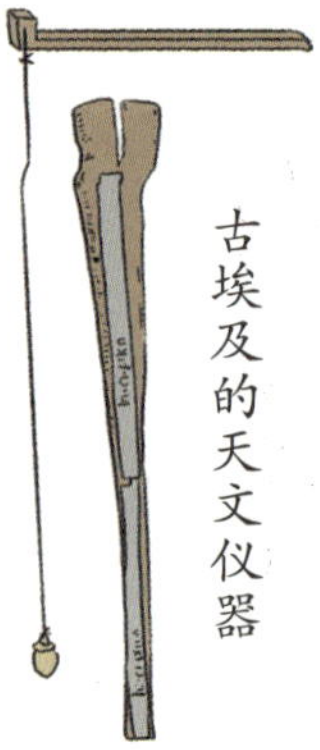

古埃及的天文仪器

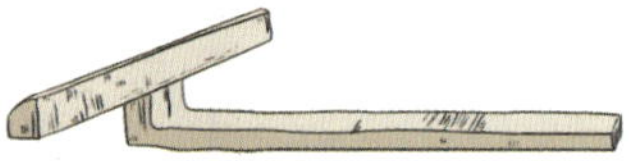

古埃及影子钟

## 古埃及人对香味的追求

在数千年前，古埃及人就开始使用香水，他们尤其钟爱留香时间长的香水。

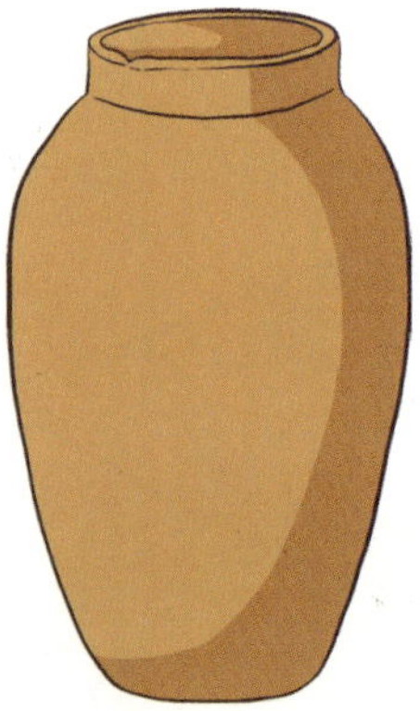

## 用面包做的啤酒

古埃及人用大麦粉或小麦粉制成面包，将其烤到半熟后放进罐里加水发酵，这样就做出了他们爱喝的啤酒。

## 法老

“法老”最初是“大房子”的意思，后逐渐发展为国王的尊称。古埃及人相信法老是太阳神阿蒙的儿子，是神派来人间维护秩序的，因此，他们将法老当作神一样崇拜。

## 爱猫的古埃及人

古埃及人已经开始养猫，并将猫视为神兽。

造纸工具　祭祀工具　石匠和采石工的工具　木匠的工具

▲ 各种工具

## 爱化妆的古埃及人

古埃及人的化妆品包括润肤膏、用矿物粉末制成的眼影等。

## 塞尼特棋

塞尼特棋是古埃及流行的一种棋盘游戏。在法老图坦卡蒙的墓里，人们发现了陪葬用的塞尼特棋。

▲ 卡纳克神庙

## 睡一觉就发明了面包

相传，古埃及一名负责烤饼的奴隶不小心睡着了，他醒来后发现生面饼已经发酵膨胀了，便急忙将面饼塞到炉子里，没想到饼烤好后又松又软，味道也很不错。

## 圣甲虫

古埃及人十分崇拜圣甲虫，他们认为圣甲虫负责推动太阳，担负起了昼夜交替的重任，为世界带来了光明和希望。圣甲虫其实就是我们今天所说的屎壳郎。

▼ 古埃及服饰

# 古埃及历史大事记

### 约公元前 6000 年

古埃及地区的农业已经十分发达，人们蓄养了许多家畜。

### 约公元前 3500 年

古埃及地区出现了一些较小的国家，被称为“斯帕特”。

### 约公元前 3100 年

（孟菲斯城门）

那尔迈王统一了上、下埃及，古埃及进入早王朝时期。相传孟菲斯在这一年建成，当时它被称为“白城”。

### 约公元前 2590 年

法老胡夫继位。他决定建造一座最大的金字塔，也就是后来的胡夫金字塔。

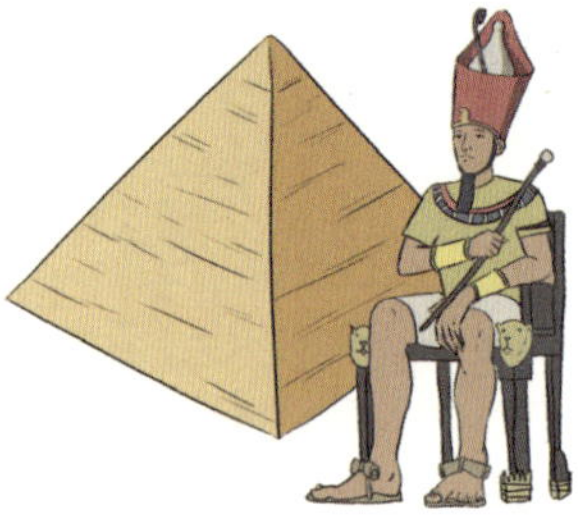

## 金字塔的演变 ▶

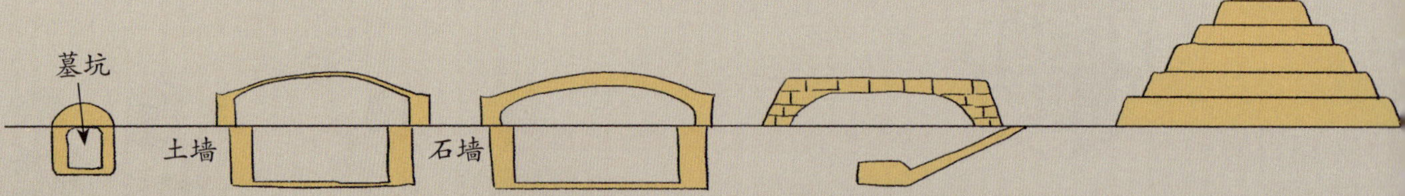


在沙漠中挖一个墓坑，上面用沙堆覆盖。这是结构最简单的坟墓。

墓坑扩大了，墓室的墙壁由土坯垒成。

墓室的墙壁用石头垒成，这是古埃及最早的石头结构的墓穴。

墓室的内部结构更为复杂，四周墙面大致为梯形。

出现了阶梯式的贵族坟墓，这是古埃及最早的巨型石头建筑。

## 约公元前 1971 年

辛努塞尔特一世继位。他令人建造了各种纪念碑，其中一个方尖碑保存至今。

## 约公元前 1304 年

拉美西斯二世继位。他是古埃及历史上最具影响力的法老之一。

（刻有托勒密形象的金币）

## 约公元前 305 年

结束古埃及“法老时代”的亚历山大大帝死后，他的将军托勒密在古埃及建立托勒密王朝。

## 约公元前 30 年

托勒密王朝灭亡，古埃及地区后来成为罗马帝国的一部分。

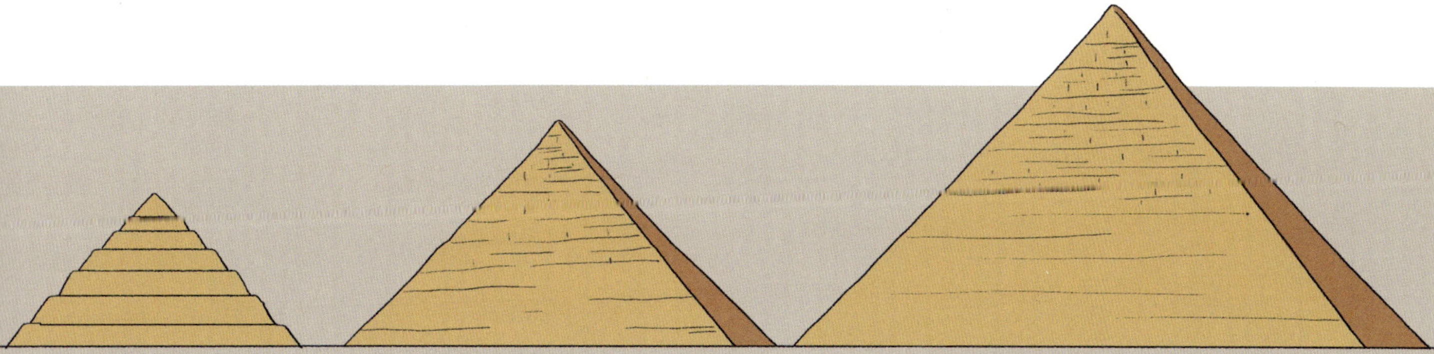

出现了第一座尖顶金字塔，除了顶部的结构不同，其他部分与之前的巨型石头建筑一样。

尖顶斜坡金字塔开始出现。

胡夫金字塔建成，它是所有金字塔中最大的一座。

# 巴比伦城

幼发拉底河从城市中间流过，将城市分为东西两部分。东部城区主要由宫殿和祭祀建筑物构成，西部城区主要由住宅区组成。
巴比伦城的街道相当规整，房屋的排列井然有序。
城市的东边与西边通过一座桥相连。
巴比伦城的神庙不仅是人们供奉神明的场所，还为人们提供借贷、租赁等服务。
幼
发
拉
底
河
巴别塔
马尔杜克神庙

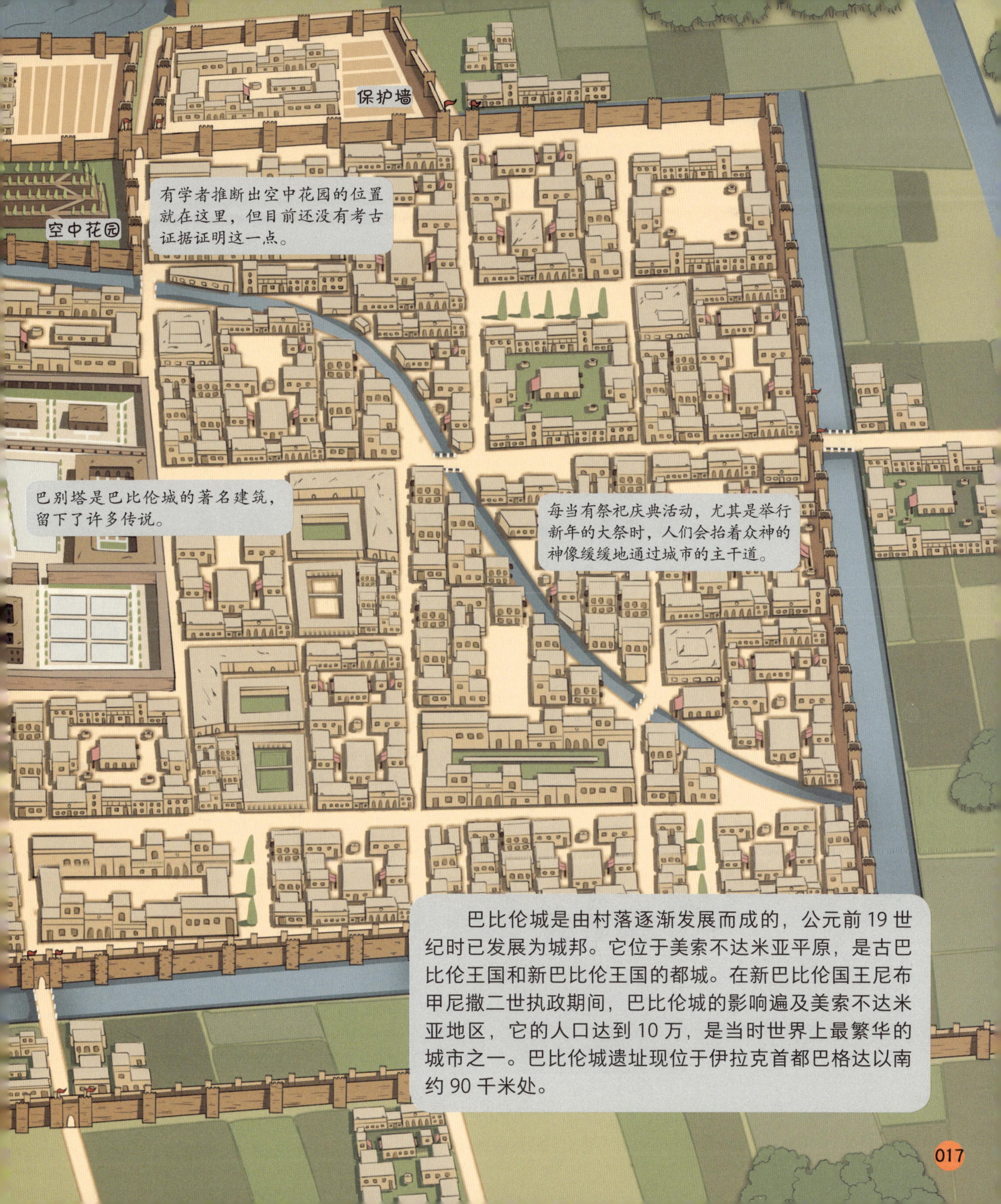


巴比伦城是由村落逐渐发展而成的，公元前 19 世纪时已发展为城邦。它位于美索不达米亚平原，是古巴比伦王国和新巴比伦王国的都城。在新巴比伦国王尼布甲尼撒二世执政期间，巴比伦城的影响遍及美索不达米亚地区，它的人口达到 10 万，是当时世界上最繁华的城市之一。巴比伦城遗址现位于伊拉克首都巴格达以南约 90 千米处。

# 空中花园

2 000多年以来，人们不断地想象着空中花园的模样，但至今它都是一个未解之谜。

根据古希腊历史学家狄奥多罗斯的记载，这座花园的台层逐层缩小，每一层都修建有带拱顶的长廊。长廊外种植各种花草树木，远看花园就像悬在空中一样，所以被人们称为“空中花园”。

人们在考古发掘出的刻有楔形文字的巴比伦泥板文书里，找不到关于空中花园的任何记载。

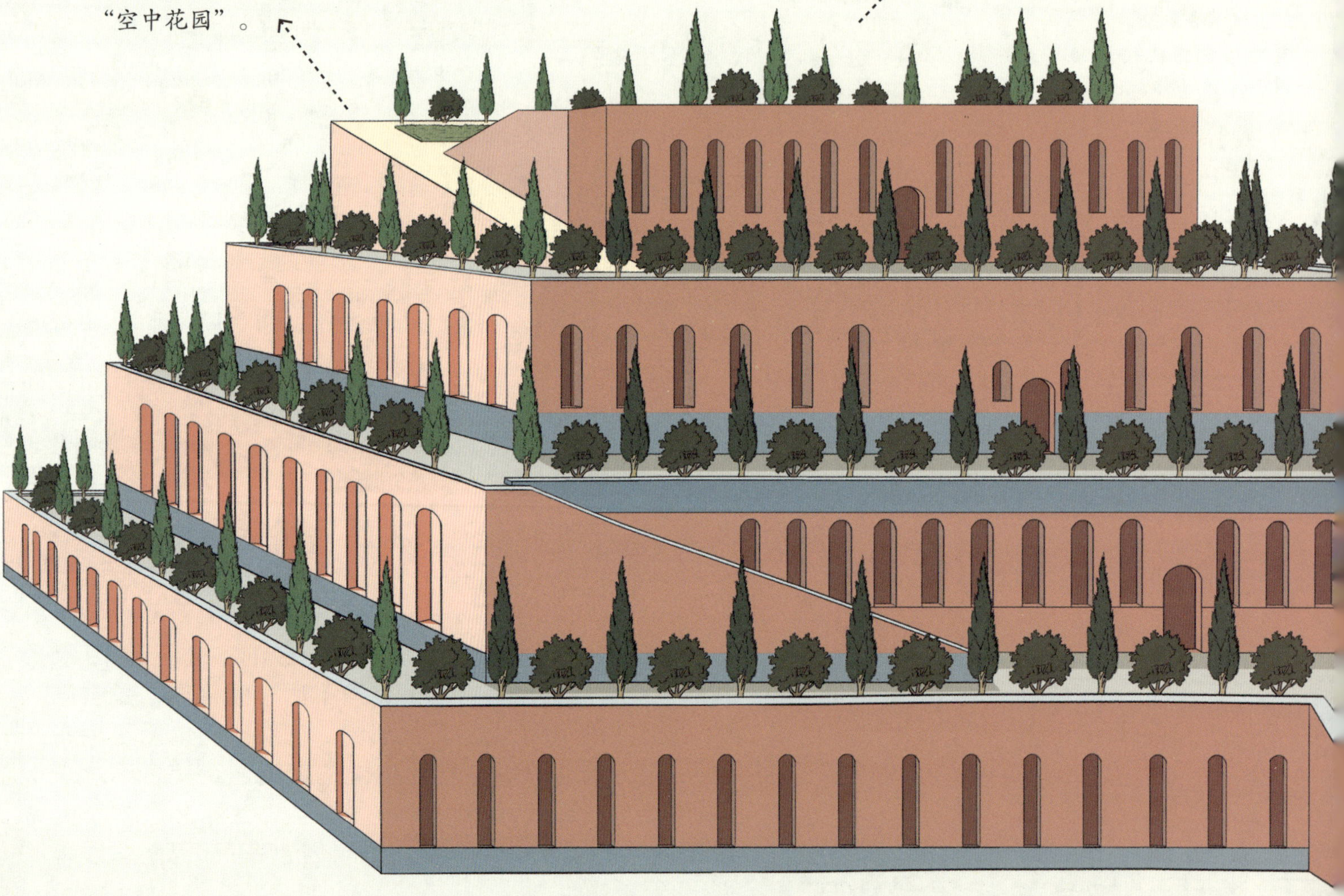

△ 空中花园（想象图）

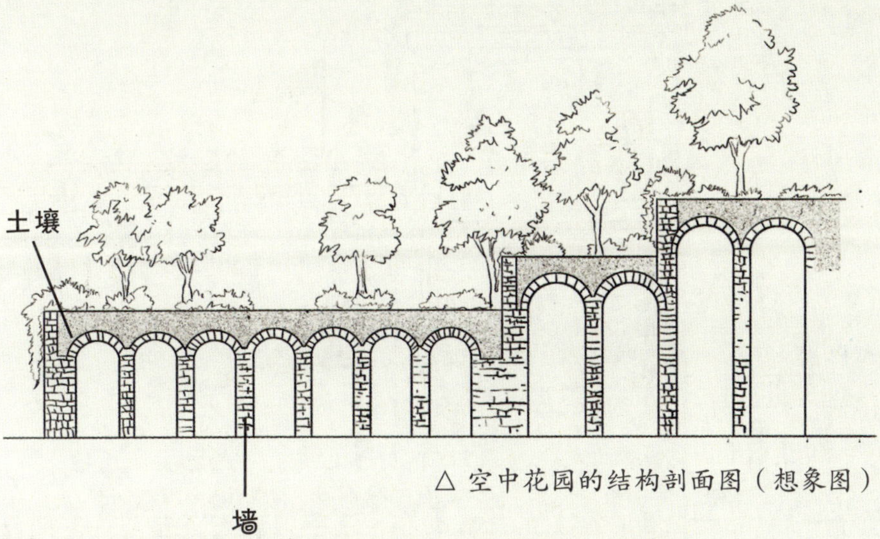


△ 空中花园的结构剖面图（想象图）

据说，建造者将芦苇、砖、铅皮和土壤叠放在台层上，并在这里安装了灌溉系统，将河水引到顶层，河水在重力的作用下往下逐层浇灌。

## 王妃的乡愁

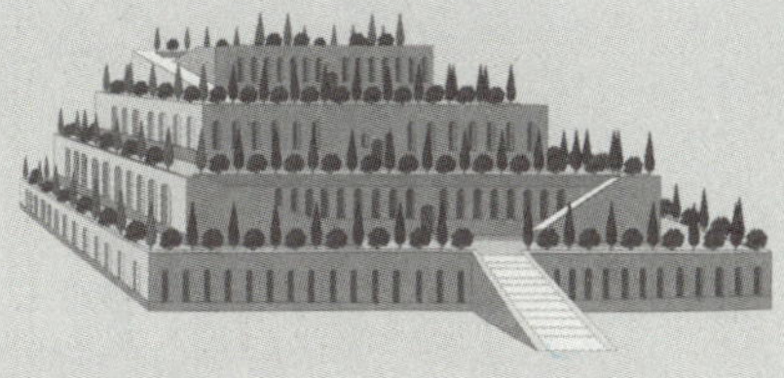

公元前 18 世纪，古巴比伦国王汉谟拉比统一了两河流域，古巴比伦王国成为强大的帝国，并以巴比伦城为国都。在汉谟拉比死后，巴比伦地区经历了长期的战乱。

公元前 689 年，巴比伦城被亚述人摧毁。公元前 626 年，迦勒底人宣布建立新巴比伦王国。后来，新巴比伦王国与米底王国联手击败了亚述帝国，巴比伦城得到重建。举世闻名的空中花园，就是新巴比伦王国的第二任国王——尼布甲尼撒二世下令修建的。

尼布甲尼撒二世的王妃是米底王国的安美依迪丝公主。传说安美依迪丝在嫁给国王后，常望向远方，露出忧愁的表情。尼布甲尼撒二世问起缘由，才得知公主是在思念自己花草繁茂的家乡。于是，为了缓解王妃的乡愁，尼布甲尼撒二世下令修建了一座奇迹般的花园。

# 巴比伦人的庆典

新年是巴比伦人一年中最重要的节日，新年庆祝活动被称为“阿基图庆典”。
巴比伦城的城门墙面贴着彩色砖，上面有动物形象。
巴比伦人使用的历法和现在的公历不一样，他们的新年庆祝活动在公历的3月末举行。

新年庆祝活动要持续11天时间，主题是庆祝太阳神马尔杜克的重生。
国王会被带到神庙中，被暂时拿走象征权力的权杖。祭司会在神像面前击打国王的脸，拧国王的耳朵。他们认为，在这一过程中，国王遭受的痛苦越多，太阳神就会越满意。
节日里，整个城市都沉浸在热闹的氛围中，四处都有游行、盛宴和歌舞。

# 巴比伦文明

★巴比伦文明是美索不达米亚南部以巴比伦城为中心发展起来的文明，是两河流域文明的重要组成部分。该文明存在的时间大致为公元前 19 世纪中期至公元前 6 世纪。不过，广义上的巴比伦文明通常还包括苏美尔文明。

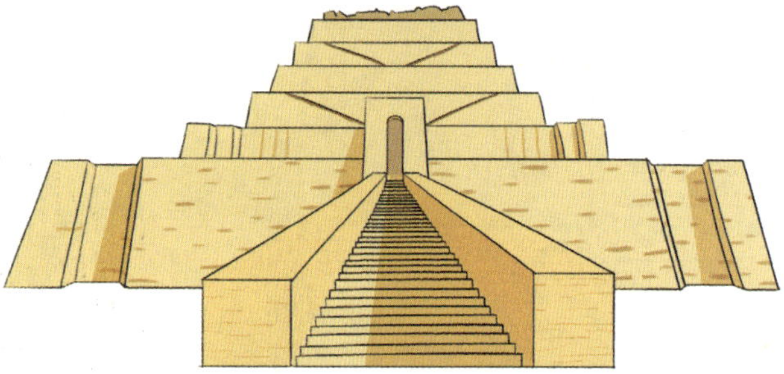

## “通天塔”

巴比伦城中有一座高约 96 米的高塔——巴别塔，它是城中最高的建筑，被人们称作“通天塔”。根据古希腊历史学家希罗多德的记载，巴别塔建在许多层高台上，最上面的高台上建有供奉太阳神马尔杜克的神庙。

## 世界上最早的英雄史诗

《吉尔伽美什史诗》是记述古代两河流域著名英雄历史的诗集，它以吉尔伽美什为主要歌颂对象。这部作品成文于古巴比伦王国时期，后被一位祭司改编成标准版的《吉尔伽美什史诗》，记录在 12 块泥板上。

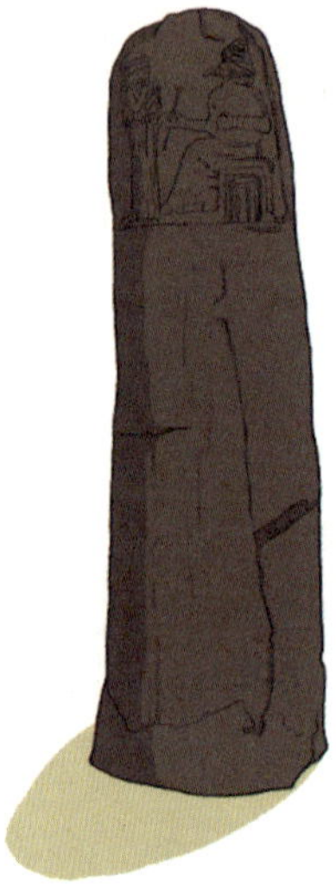

## 世界上第一部较为完备的成文法典

《汉谟拉比法典》在古巴比伦国王汉谟拉比统治期间颁布，是迄今发现的最早的较完备成文法典。该法典囊括了审判制度、贸易、财产继承等多个领域，甚至还有关于婚姻问题的条文。

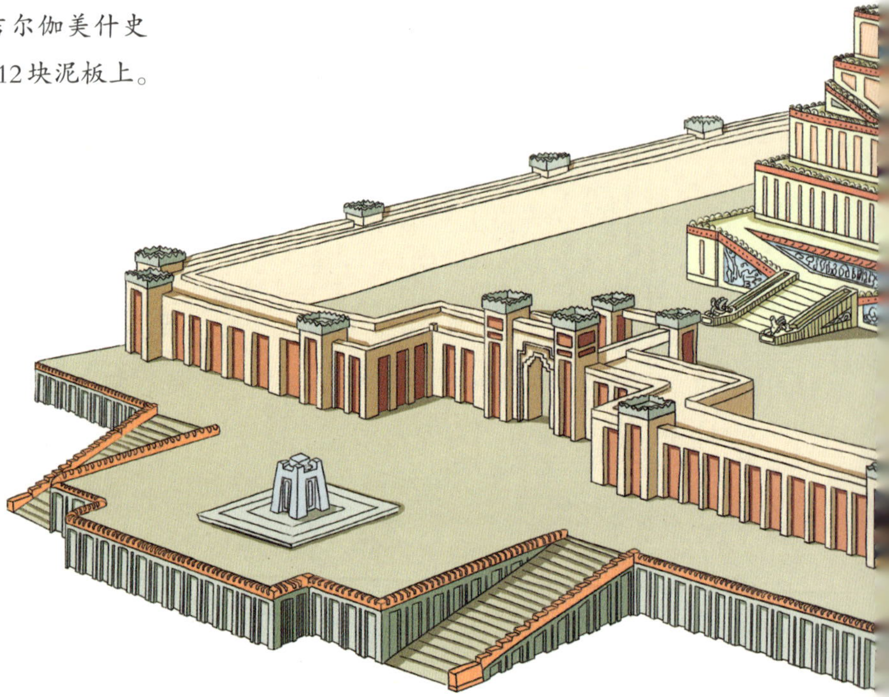

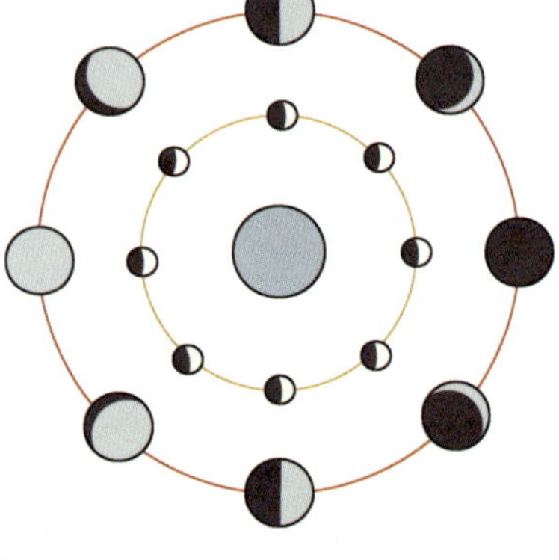

## 1 年被划分为 12 个月

早期的苏美尔人利用月亮阴晴圆缺的规律，把 1 年划分为 12 个月，并且使用了闰月的概念。

## 十二星座的由来

公元前 13 世纪，巴比伦人把黄道附近的星座确定为 12 个，这些星座后来被赋予了具有象征意义的名字并沿用至今。

## 不用笔就能“签名”

早期苏美尔人不是直接用笔在泥板上签名，而是用小型的圆筒印章来“签名”。圆筒印章上面刻有图案和主人的名字，只需要把它在松软的泥板上滚动，图案和名字就印上去了。

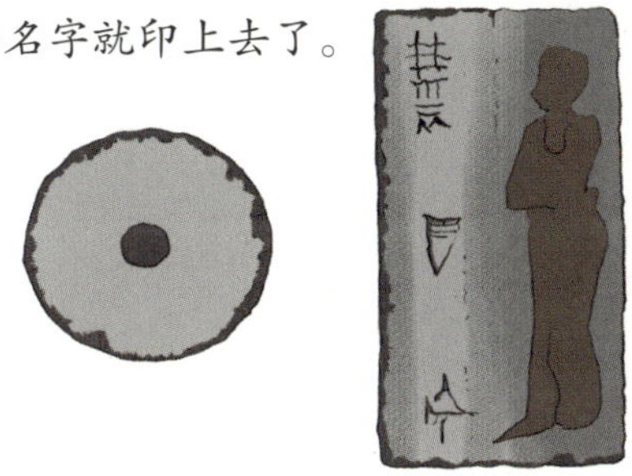

## 楔形文字

苏美尔人创造了楔形文字，他们将削尖的木制笔或芦苇秆当作书写工具，把文字刻在软泥板上，然后把软泥板烘干。由于文字的笔画一头粗、一头细，形如楔子，所以被称为“楔形文字”。

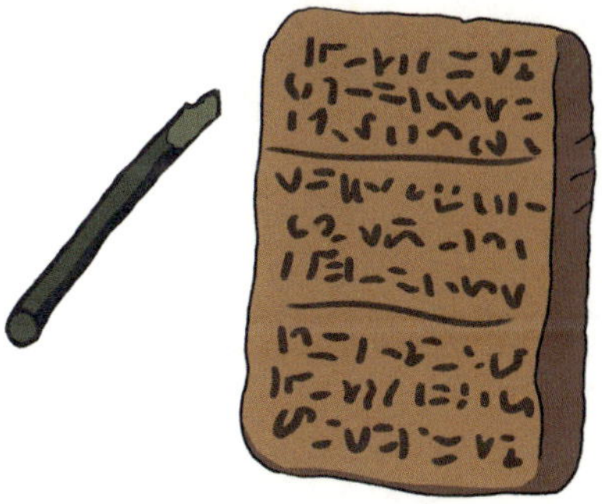

## 浓厚的商业氛围

巴比伦的商业活动十分活跃，流传下来的文献大多带有浓厚的商业色彩，例如，在《汉谟拉比法典》中的 282 条法律条文中，和借贷等商业活动相关的就有 100 余条。

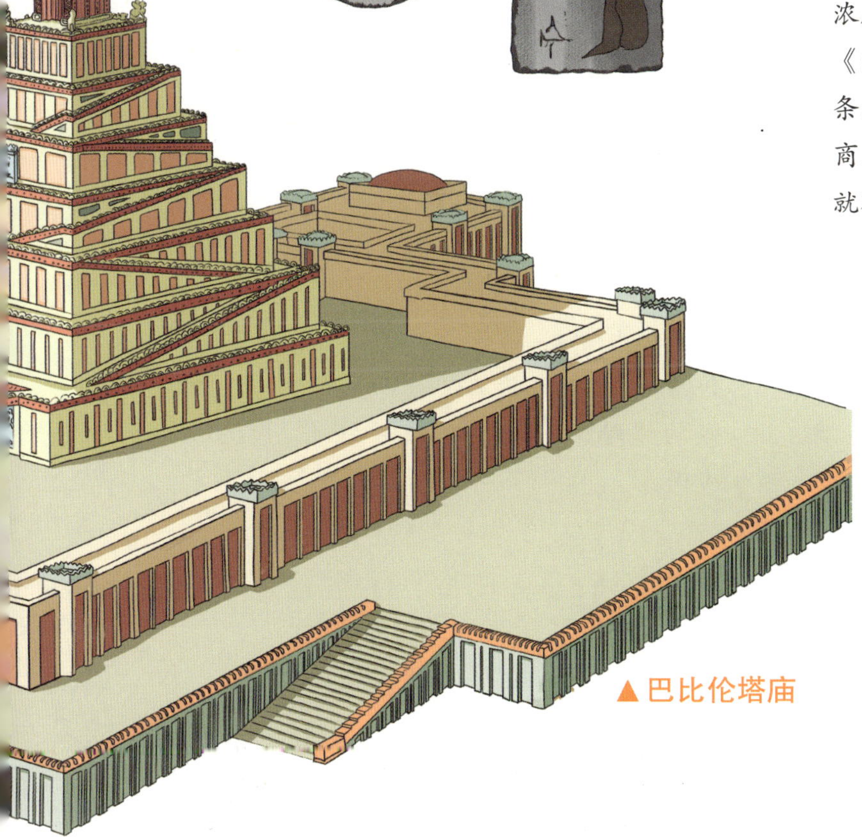

▲巴比伦塔庙

## 用“羊肝”来占卜

对于巴比伦人而言，羊肝上自然形成的那些图案和纹理都是神的喻示。因此，他们用泥土制成羊肝模型并用它来占卜，羊肝模型的每一部分都有特定的含义。

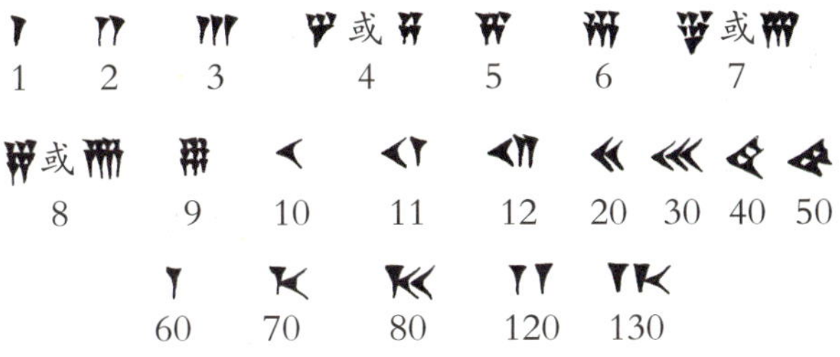



## 巴比伦人的数学成就

巴比伦人有自己的数字系统，他们还发明了六十进制。在我们的日常生活中，我们仍使用这种进制，例如，1 小时有 60 分钟，1 分钟有 60 秒，圆周有 360 度。

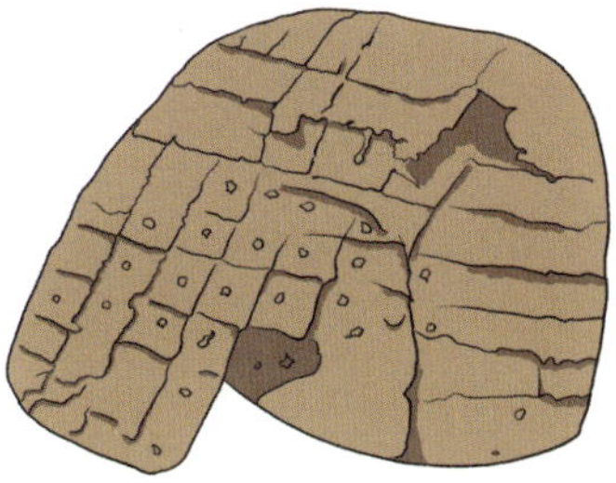

# 巴比伦历史大事记

**约公元前 4500 年**

苏美尔人到达两河流域，逐渐形成了村落和城镇。他们创造了苏美尔文明，后被巴比伦人继承和发展。

**约公元前 1894 年**

阿摩利人的首领苏姆·阿布姆建立了古巴比伦王国。

（阿摩利人制作的雕像）

**约公元前 1792 年**

汉谟拉比继位。在他的统治下，古巴比伦王国成为横跨两河流域的帝国。

**约公元前 1595 年**

赫梯人占领巴比伦城，古巴比伦王国灭亡。

（赫梯国王小金像）

## 巴比伦人的服饰 ▶

巴比伦人一般穿着缠裹式的袍服，服装边缘会有流苏作为装饰，里面则是直筒长衫。

他们的服装布料以亚麻为主。除了亚麻，他们还有一种叫“卡乌那刻丝”的布料，据考证，这是一种古老的羊毛织物。

（亚述士兵）

## 约公元前 745 年

亚述王提格拉特帕拉沙尔三世开始执政。他在位期间，亚述帝国攻占并控制了巴比伦城。

## 公元前 626 年

那波帕拉沙尔建立了新巴比伦王国。十几年后，新巴比伦王国联合米底王国攻陷亚述首都尼尼微，推翻了亚述帝国的统治。

（那波帕拉沙尔形象想象图）

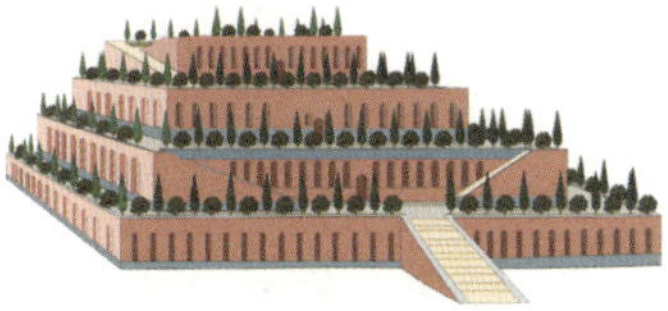

## 公元前 604 年

尼布甲尼撒二世继承王位，在位期间大兴土木，修建了包括空中花园在内的许多建筑。

## 公元前 539 年

波斯国王居鲁士二世率军进入巴比伦城，新巴比伦王国灭亡。

（巴比伦城的狮子浮雕）

# 尼尼微

护城河
柯沙河穿城而过，保证了充足的水源供应。
柯
沙
河
城市平面的形状并不规则，占地面积约为7.5平方千米。
这座神庙供奉着伊什塔尔，她是一位掌管农业与战争的女神，受两河流域的许多人爱戴。
伊什塔尔神庙
宫殿
国王亚述巴尼拔的宫殿就位于此处，墙壁装饰有大量浮雕石板。考古学家在这里发现了大量铭文泥板，推测国王的图书馆也位于此处。

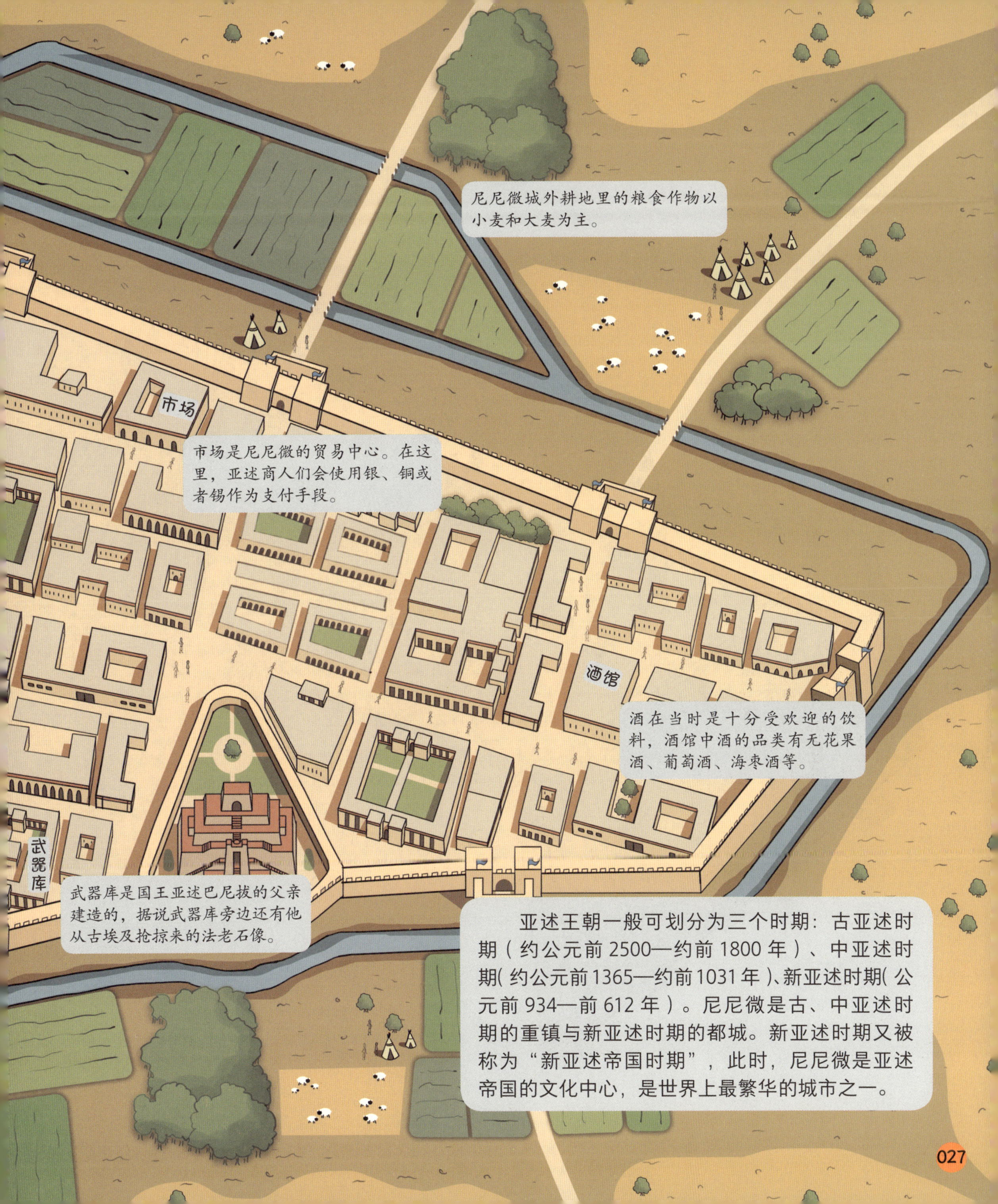


尼尼微城外耕地里的粮食作物以小麦和大麦为主。

市场是尼尼微的贸易中心。在这里，亚述商人们会使用银、铜或者锡作为支付手段。

酒在当时是十分受欢迎的饮料，酒馆中酒的品类有无花果酒、葡萄酒、海枣酒等。

武器库是国王亚述巴尼拔的父亲建造的，据说武器库旁边还有他从古埃及抢掠来的法老石像。

亚述王朝一般可划分为三个时期：古亚述时期（约公元前 2500—约前 1800 年）、中亚述时期（约公元前 1365—约前 1031 年）、新亚述时期（公元前 934—前 612 年）。尼尼微是古、中亚述时期的重镇与新亚述时期的都城。新亚述时期又被称为“新亚述帝国时期”，此时，尼尼微是亚述帝国的文化中心，是世界上最繁华的城市之一。

# 亚述塔庙

塔庙的样子就像尖顶被削掉的金字塔。因此，塔庙有时候也被称为“阶梯金字塔”。

顶部是一个方形庙宇，庙宇是供奉神灵的地方。庙宇前面有一个小型露台。

塔庙的外墙是由经过烧制的砖块砌成的。不过，建筑内部使用的砖块一般没有经过烧制。

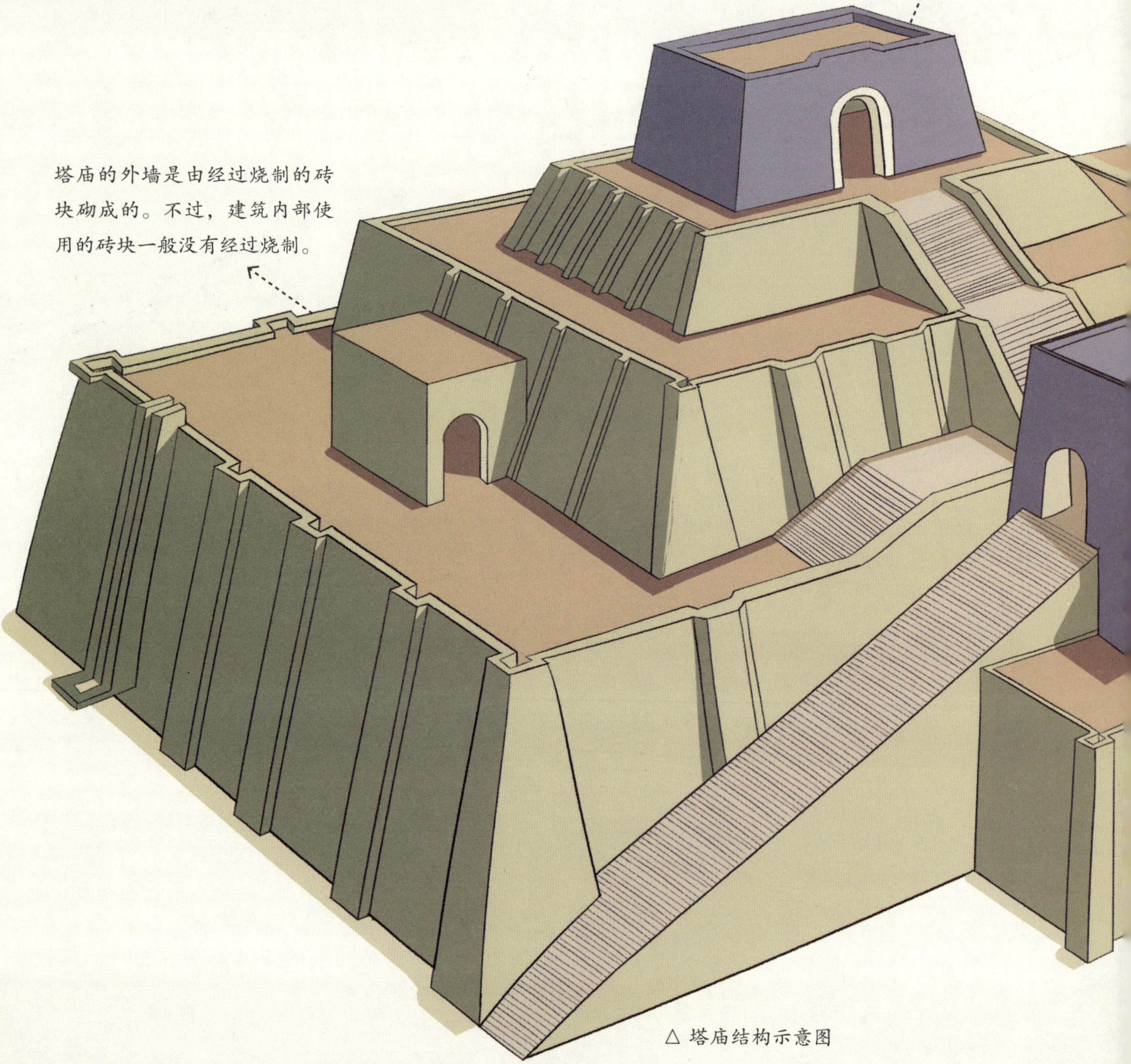

△ 塔庙结构示意图

# “天与地之间的桥梁”

亚述起初是两河流域的一个小小城邦，在经历了几次衰落与兴起后成了一个国土辽阔的大帝国。亚述人的文化与巴比伦人的文化有许多相似的地方，比如，他们相信着同样的神话，都在城中建有塔庙这样宏伟的建筑。

塔庙是人们为了供奉神明而修建的。两河流域的各个城市可能都有属于自己的守护神，不同的塔庙可能供奉着不一样的神明，例如，巴比伦城的巴别塔供奉着马尔杜克，而尼尼微的一些塔庙则供奉着女神伊什塔尔。

在亚述人看来，塔庙顶端的神庙是神明降临并休息的地方，神明会在神庙中向祭司传达自己的教诲与旨意。因此，塔庙被亚述人视作“天与地之间的桥梁”。

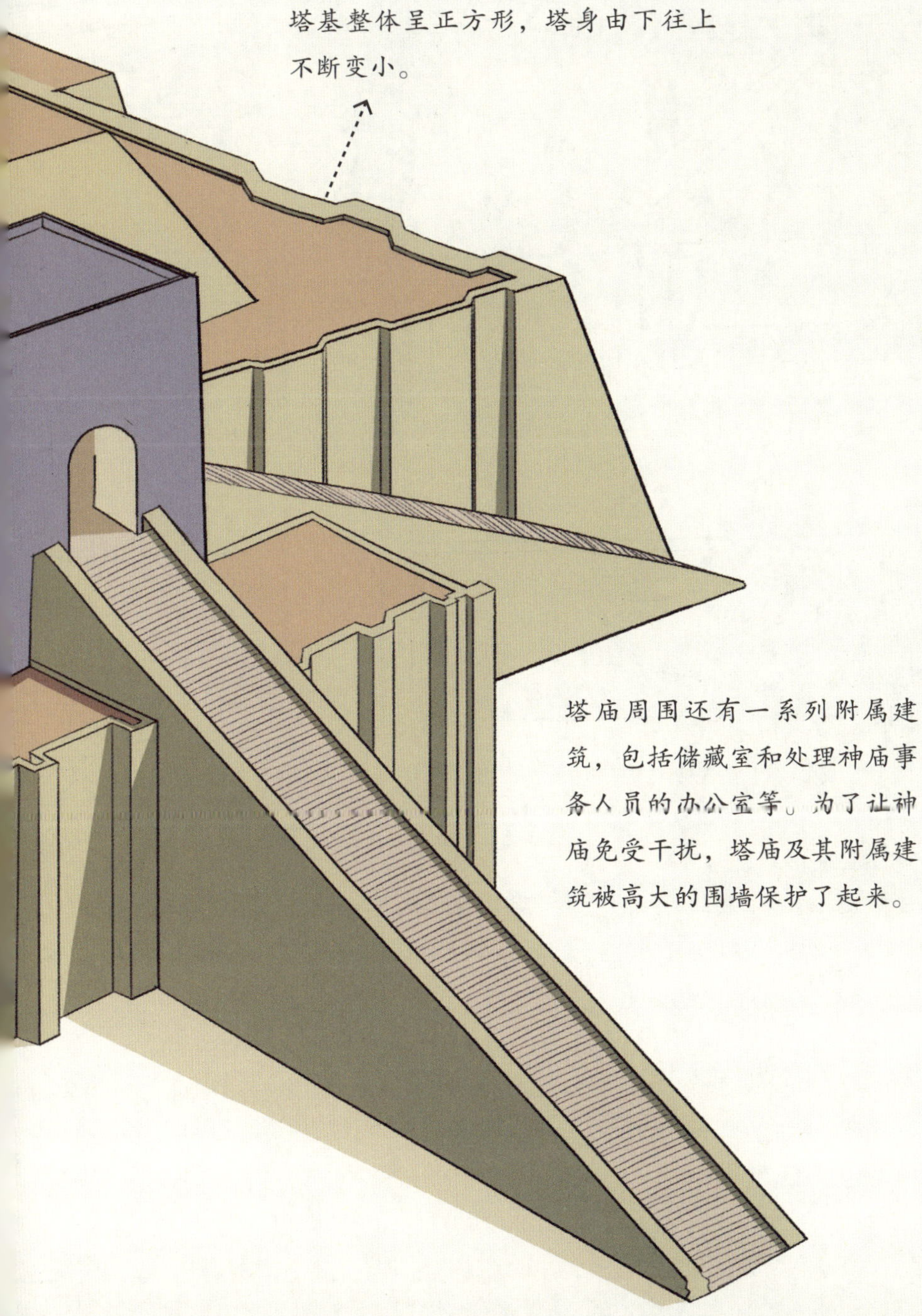

# 猎狮节

在美索不达米亚地区，王室猎狮的传统可以追溯到公元前 4000 年。
狮笼上方会有一个小笼，仆人站在狮笼上方，负责将底下的狮子从笼子里放出来。如果狮子对他发动攻击，仆人就可以立刻躲到小笼里面。
猎狮过程中，士兵们可以磨炼自己的意志，锻炼自己的作战技能。
国王会参加每一年的猎狮节。他还会命人将他猎狮的场面刻在墙上，以展示自己的英勇形象。

尼尼微有着“血腥的狮穴”之称：一方面是形容亚述帝国统治者的残暴；另一方面是城中会定期举办猎狮活动，狮子的鲜血会四处流淌。
祭酒仪式会在猎狮活动结束后举办，国王与随从们一起庆祝时，会有乐师在一旁奏乐。
亚述人认为，狮子象征着混乱、危险与无序，国王的猎狮活动则为人间带来了秩序。

## 古代的广告

亚述帝国统治者十分重视宣传方面的工作，为此，他们找到了许多直观有效的“广告”形式：他们会举办庆祝战争胜利的盛大游行；会命令人员在城中大声诵读国王的英勇事迹；他们还会把想要宣传的东西呈现在城市建筑中，比如墙壁上的各种浮雕与壁画。

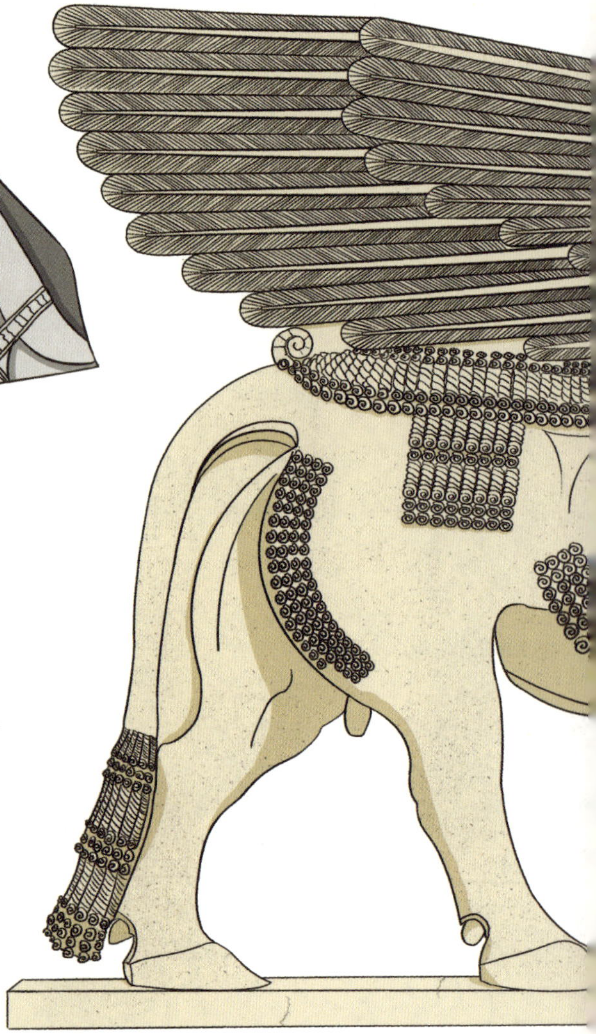

## 积极修路的亚述人

常年征战的亚述人意识到了交通便利的重要性，于是他们修建了一个全国性的公路系统。四通八达的公路不仅能帮助亚述帝国在战争中取得胜利，还能为人们的出行提供许多便利。

## 残暴的统治者

亚述帝国的统治者崇尚武力、统治残暴。他们的军队所到之处，城镇被毁为废墟，财物被掠夺，居民被杀戮或被掳走。

## 黏土封印上的国王与狮子

黏土封印常用在门扣处封门，如店铺关门时就会放上黏土封印，不让人进入。这个黏土封印上描绘的是亚述国王与狮子搏斗的场景。

## 受压迫的女性

通过中亚述时期的法律文献可以得知，当时亚述的女性饱受压迫，不得不遵循苛刻的伦理和行为规范，其自由完全由父亲、兄长、丈夫控制。

## 流行的棋类游戏

在亚述王宫的遗迹中，人们发现了许多棋盘和与其配套的游戏器具，这也证明了棋类游戏在当时较为流行。遗憾的是，人们没能找到记载游戏规则的泥板，游戏的玩法已经无从知晓了。

◀ 兽身人面飞牛石雕

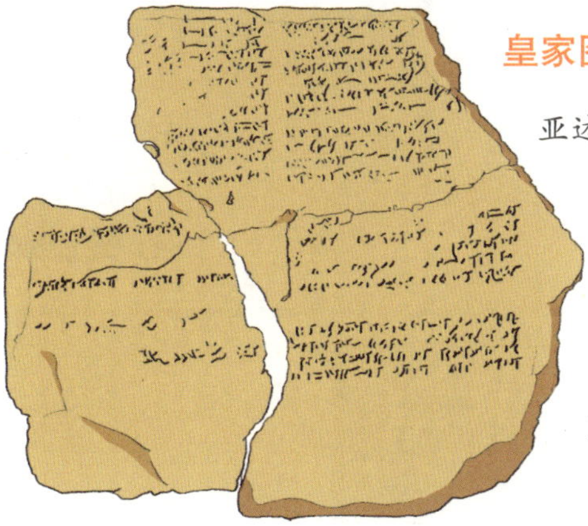

## 皇家图书馆

亚述巴尼拔图书馆是一座皇家图书馆，馆内藏有大量记有楔形文字的泥板，藏书门类齐全，内容包括宗教神话、艺术作品、天文记载与医学文献等，是研究亚述历史的重要资料。

## 早期军事帝国

亚述帝国历代统治者的执政生涯，几乎都是在不断地征战和扩张版图中度过的。亚述军队的装备和战术，几乎代表了当时世界的最高水准。

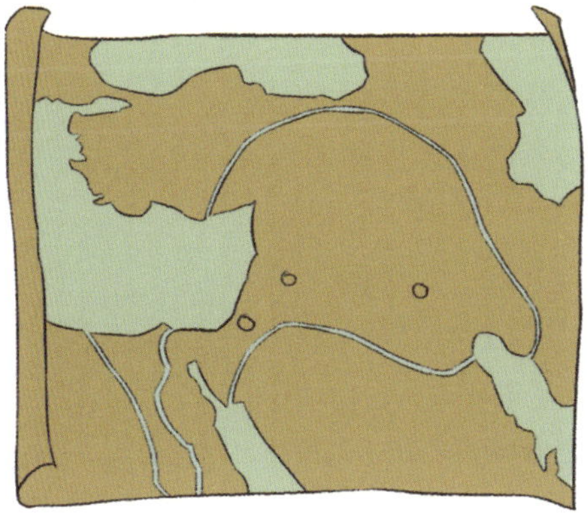

## 亚述攻城车

亚述攻城车的主体是安装在车轮上的圆木，圆木一端包裹着坚硬的金属，士兵推动攻城车，猛烈撞击城门。

## 亚述骑兵

在萨尔贡二世时代（公元前721—前705年）以后，亚述人发明并开始使用马鞍，从此他们组建起了大规模的骑兵兵团。

# 亚述历史大事记

**约公元前 2006 年**

阿舒尔城邦获得独立，并建立了城邦国家。

**约公元前 19 世纪末**

阿摩利人沙姆什·阿达德一世征服阿舒尔城，他在阿舒尔城建立的王朝称古亚述王朝。

**公元前 18 世纪初**

沙姆什·阿达德一世去世后，亚述迅速衰落，先后沦为古巴比伦王国、米坦尼王国的藩属。

**公元前 14 世纪中叶**

亚述王阿舒尔乌巴里特一世击败米坦尼王国，强大的亚述帝国诞生了，进入中亚述时期。

## 浮雕上的亚述士兵▶

亚述帝国有着较为完备的军事机制和当时两河流域战斗力最强的军队，其军事技术长期领先于西亚各国，作战兵种主要由战车兵、骑兵和步兵组成，辅助兵种有工兵和辎（zī）重兵。

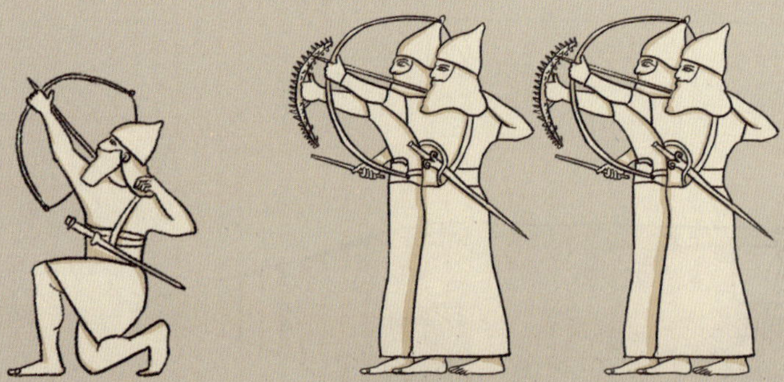

## 公元前 10 世纪

亚述进入铁器时代，铁器的使用和生产力的提高为对外扩张提供了条件。亚述再次兴起，进入新亚述时期。

## 公元前 612 年

尼尼微被新巴比伦王国和米底王国联合攻陷，亚述帝国就此灭亡。

（阿拉米人制作的雕塑）

（旧都宫殿中的石雕）

## 公元前 11 世纪末

亚述帝国在阿拉米人迁徙浪潮的打击下再度衰落。

## 公元前 8 世纪末

亚述帝国将都城迁往尼尼微。

# 偃师商城

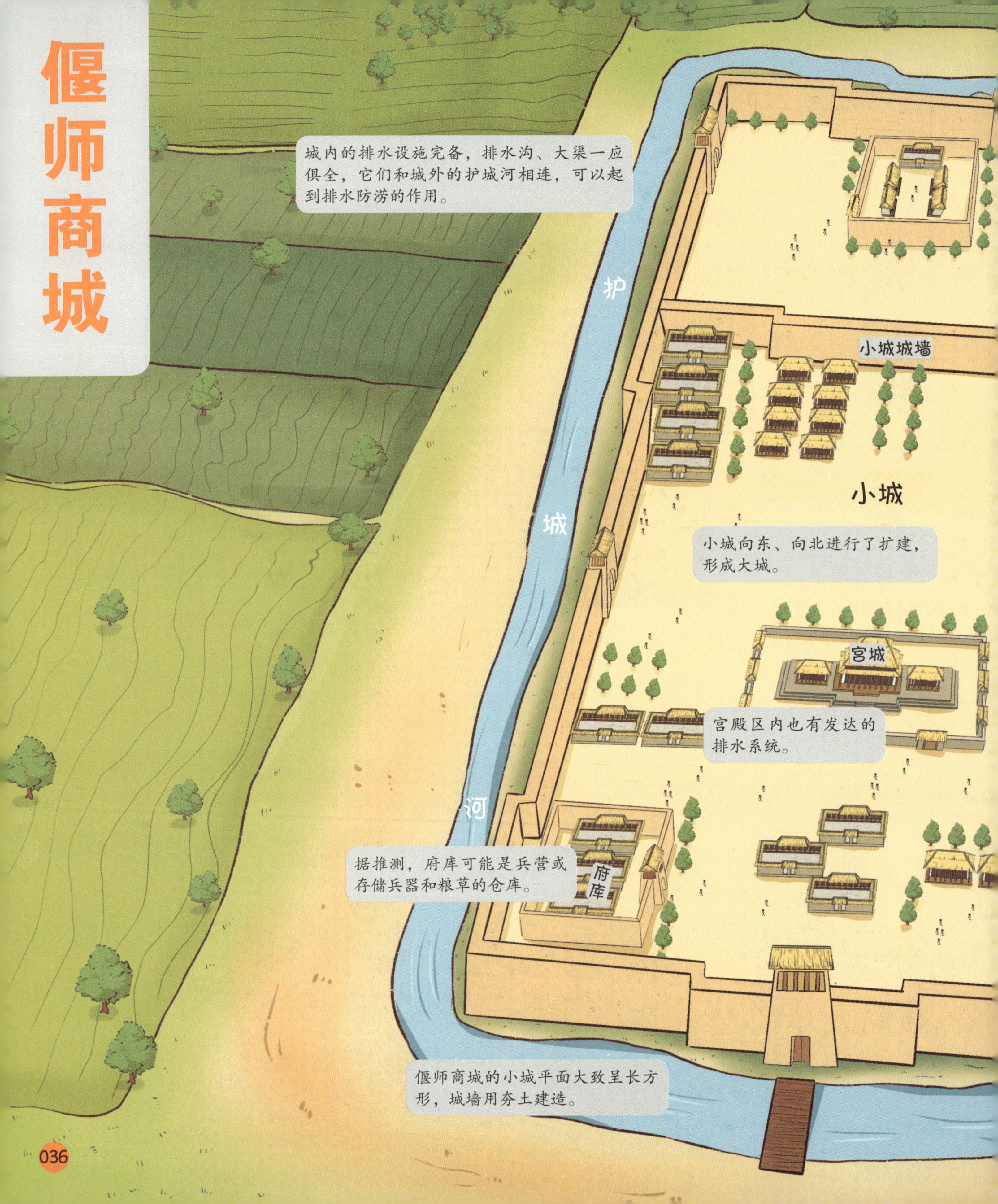

城内的排水设施完备，排水沟、大渠一应俱全，它们和城外的护城河相连，可以起到排水防涝的作用。
护城河
小城城墙
小城
小城向东、向北进行了扩建，形成大城。
宫城
宫殿区内也有发达的排水系统。
据推测，府库可能是兵营或存储兵器和粮草的仓库。
府库
偃师商城的小城平面大致呈长方形，城墙用夯土建造。

偃师商城古称西亳（bó），它是中国商朝的第一个都城。夏朝灭亡后，商汤约于公元前1600年在此建都。偃师商城遗址出土器物近万件，反映了商代王室和平民的生活。作为目前夏商时期布局结构最清楚的都城遗址，偃师商城遗址为夏商文化的分界提供了重要的实物证据。

# 商朝宫殿

偃师商城的宫城是遗址中最引人注目的部分，它是研究我国早期都城的珍贵资料。

商朝宫殿一般建在台基之上，这样可以避免宫殿的木柱因潮湿而过早腐朽，这种宫殿建筑可以说是后世高台宫殿建筑的雏形。

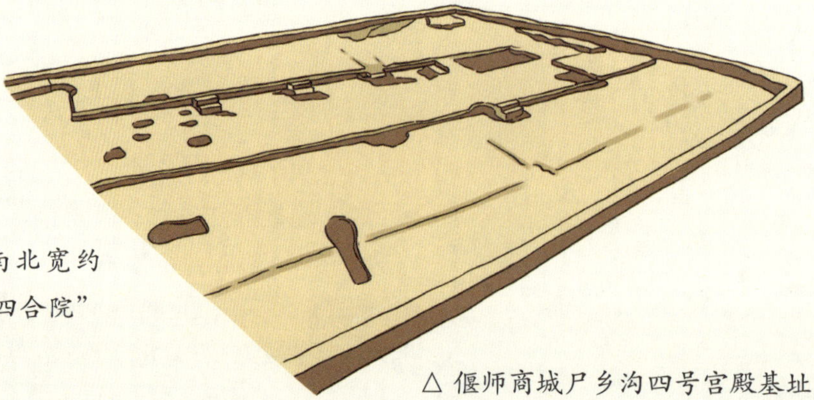

基址东西长约51米，南北宽约32米，此处应是一处“四合院”式的宫殿建筑。

△ 偃师商城尸乡沟四号宫殿基址

宫殿的顶部为斜坡形，而且是拥有两重屋顶的重檐结构，上面覆盖着厚厚的茅草，可以起到防雨排水的作用。

重檐结构既能保护建筑外围的木结构免受日晒雨淋，又增加了建筑的美观性。

△ 宫殿建筑复原图

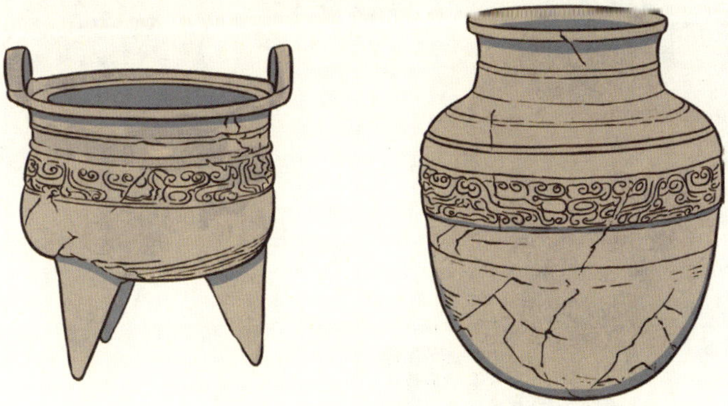

△ 偃师商城出土的陶器

## 见证王朝更替

偃师商城遗址位于今天的河南省洛阳市偃师区。1983 年，中国考古学家在这里发现了一个历史久远的古城遗址，他们认为这是早商文化的发源地、商代最早的都城——西亳。

商朝是中国历史上最早有当时文字记载的朝代。根据史书记载，商之前的朝代是夏，夏王朝最后的统治者是历史上有名的暴君——桀（jié），他失去了民心，被起兵的商汤讨伐击败，之后商汤建立了新的王朝，并把都城定在了西亳。

西亳位于原来夏王朝的京畿（jī）地区，是见证了夏、商王朝更替的城市，是早商时期的代表城市，它的遗址中有许多宫殿的遗迹，考古学家根据它们了解早商时期的建筑风貌。

# 如何铸造青铜器

说起商朝，人们总会想起那些形形色色的青铜器文物。在那个时候，青铜器铸造技术已经非常成熟了，许许多多精美的器物被制造出来，并遗存到了现在。

那时，有一种叫作“块范法”的青铜器铸造技术。这种技术在商朝以及商朝之后的周朝都有着广泛的应用。著名的四羊方尊就是用块范法制作的。

1 在使用块范法制造青铜器时，得先用泥做一个模具，通过烧制定型，形状和最后要烧成的青铜器大致相同。

2 接下来，工匠用泥土把模具包裹住，定型后把泥土取下，形成数块“外范”。这些外范会有一些凹陷，凹陷的部分就是模具的形状。他们会在外范内部刻上纹路，这些纹路可以在最后青铜器制成的时候表现出来。

3
在外范制作完成后，人们还会照着模具的样子，制作一个比模具小一号的“内芯”。这个内芯会被放在外范里面，内芯和外范之间会留有空隙。随后将它们烧制定型。
4
组装好之后，工匠会在外范上掏几个小口，这是用来往里灌入铜液的。铜液灌进小口后，就会流到外范和内芯之间的空隙里，等它冷却后，就形成了青铜器。
5
最后，工匠会把外范和内范除去，一件青铜器就铸造好了。

## 用贝壳制成的货币

随着商业的发展，人们不再满足于以物换物，于是商朝人将海边的贝壳加工打磨，让它充当商品交换的媒介。贝币是我国最早的货币。

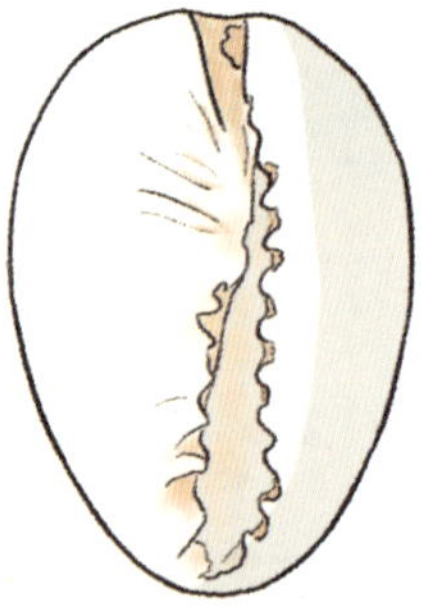

## 放逐君主的宰相

据传，商朝的第四位君主太甲在位时胡作非为、贪图享乐，导致朝政混乱、民不聊生，宰相伊尹只好将他放逐到别的地方。

## 种类繁多的青铜器

商朝的青铜器用途多样，可以分为乐器、兵器、酒器、食器、水器等。青铜器本色接近金色，氧化后一般呈青绿色。

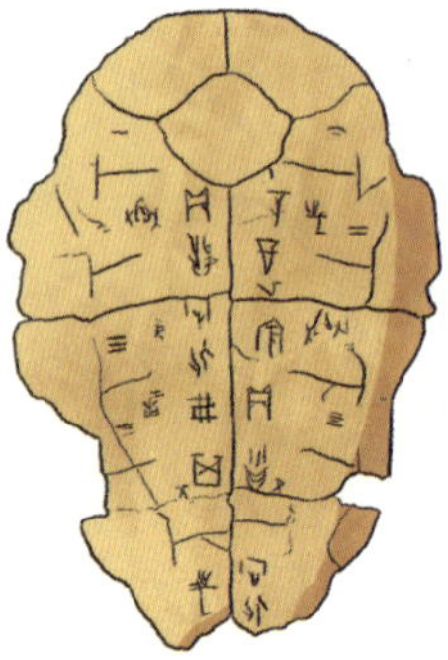

## 刻在龟甲和兽骨上的文字

负责占卜的官员在占卜之后，会将占卜的结果和相关事宜刻在龟甲或者兽骨上，我们把刻在上面的文字称为“甲骨文”，把记录的内容称为“卜辞”。

## 商朝最后一位君主

商纣王（帝辛）是商朝的最后一位君主。在公元前 1046 年的牧野之战中，周武王击败了商朝的军队，商纣王在鹿台自焚而死，商朝就此灭亡。

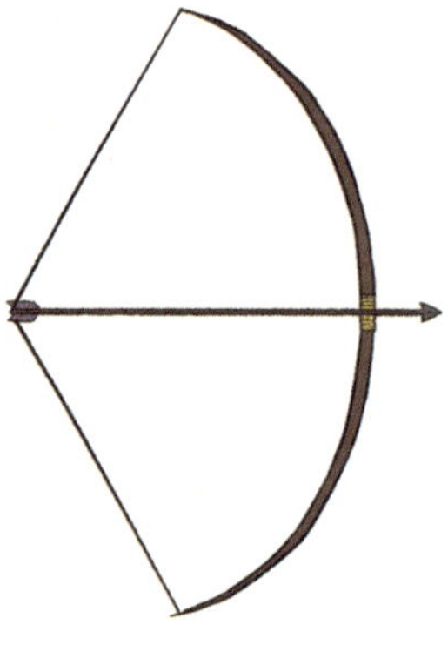

## 武乙“射天”

史书记载，商王武乙命人用皮囊装满血，然后把皮囊挂在高处，武乙拉开弓箭射中了皮囊，并称之为“射天”，以羞辱“天神”、打击神权。

## 爱迁都的王朝

商王朝曾多次迁都，有学者认为原因可能是自然灾害频繁发生、边境部落时常侵扰，还有统治阶级内部斗争等。

## 王后也能当将军

妇好是商王武丁的王后，也是历史上有名的女军事家。她多次带领军队征战沙场，深受武丁信任。

（想象图）

▲ 四羊方尊

## 占卜

当时的社会生产力低下，科学技术不发达，很多现象都无法解释，因此商朝人迷信鬼神，会通过占卜预测吉凶。

## 奴隶出身的宰相

傅说是一位颇具传奇色彩的政治家、军事家。他从前是一个筑墙的奴隶，但是他这个人极具才干，后来受到商王武丁的赏识，成为宰相。

## 军事制度

商朝的军事制度在甲骨卜辞中有较多的记载。商王是最高军事统帅，有时亲自出征。方国首领和宗族也有自己的军队，不过，他们要听从商王的命令，随王出征。

## 华丽的贵族服饰

在商代，丝绸衣服已经在贵族中流行起来，这些衣服用丹砂、槐花、栀子等天然染料进行染色，十分华美。

# 商朝历史大事记

**约公元前 1600 年**

商汤起兵灭夏，建立起了商朝。

**约公元前 1525 年**

商王祖乙把国都迁到了耿，第二年，因发生河患，耿被摧毁，商王又迁都至庇。

**约公元前 15 世纪**

商朝各地诸侯的势力膨胀，王权开始被削弱。

**约公元前 1300 年**

商王盘庚将都城迁到殷，在此之后，商朝不再迁都。

## 商朝的青铜器 ▶

商朝是中国青铜器发展的重要时期，也是青铜时代光彩夺目的一页。商朝的青铜器中，食器、酒器、水器等被广泛用于王室贵族的庆典和祭祀等重要活动。青铜礼器的大小、形制和数量组合，都是其主人等级和政治地位的象征。

多钩形青铜器

青铜觥（gōng）

**公元前 1250 年**

武丁登上王位。武丁在位期间，商朝的国力达到了鼎盛，史称“武丁中兴”。

**公元前 1101—前 1076 年**

帝乙在位时多次出兵征讨周边部落，商朝逐渐衰落。

**公元前 1075 年**

商纣王继位。在位期间，他沉迷于享乐，屡次出兵攻打东夷，把国家推向了崩溃边缘。

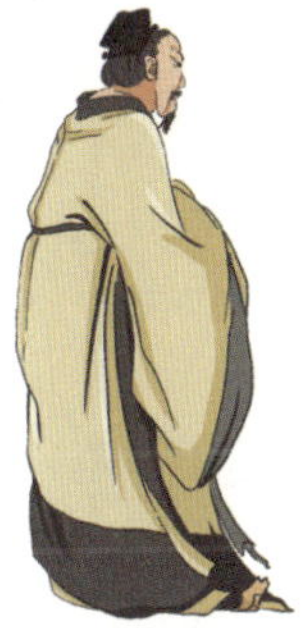

**公元前 1046 年**

周武王出兵讨伐商纣王，大获全胜，商朝就此灭亡。

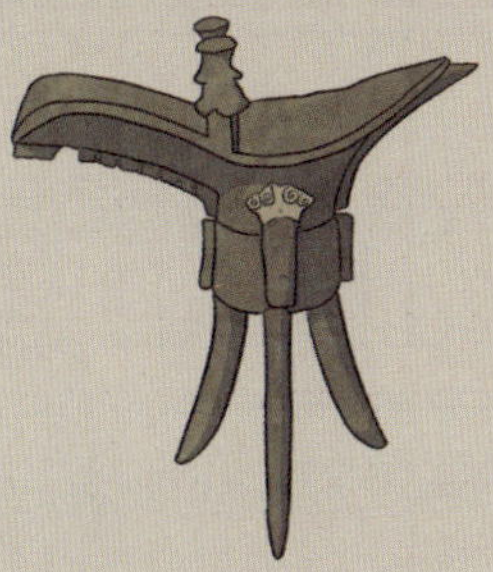

青铜爵

青铜牛尊

青铜兽面纹壶

青铜饕（tāo）餮（tiè）纹大鼎

# 克诺索斯

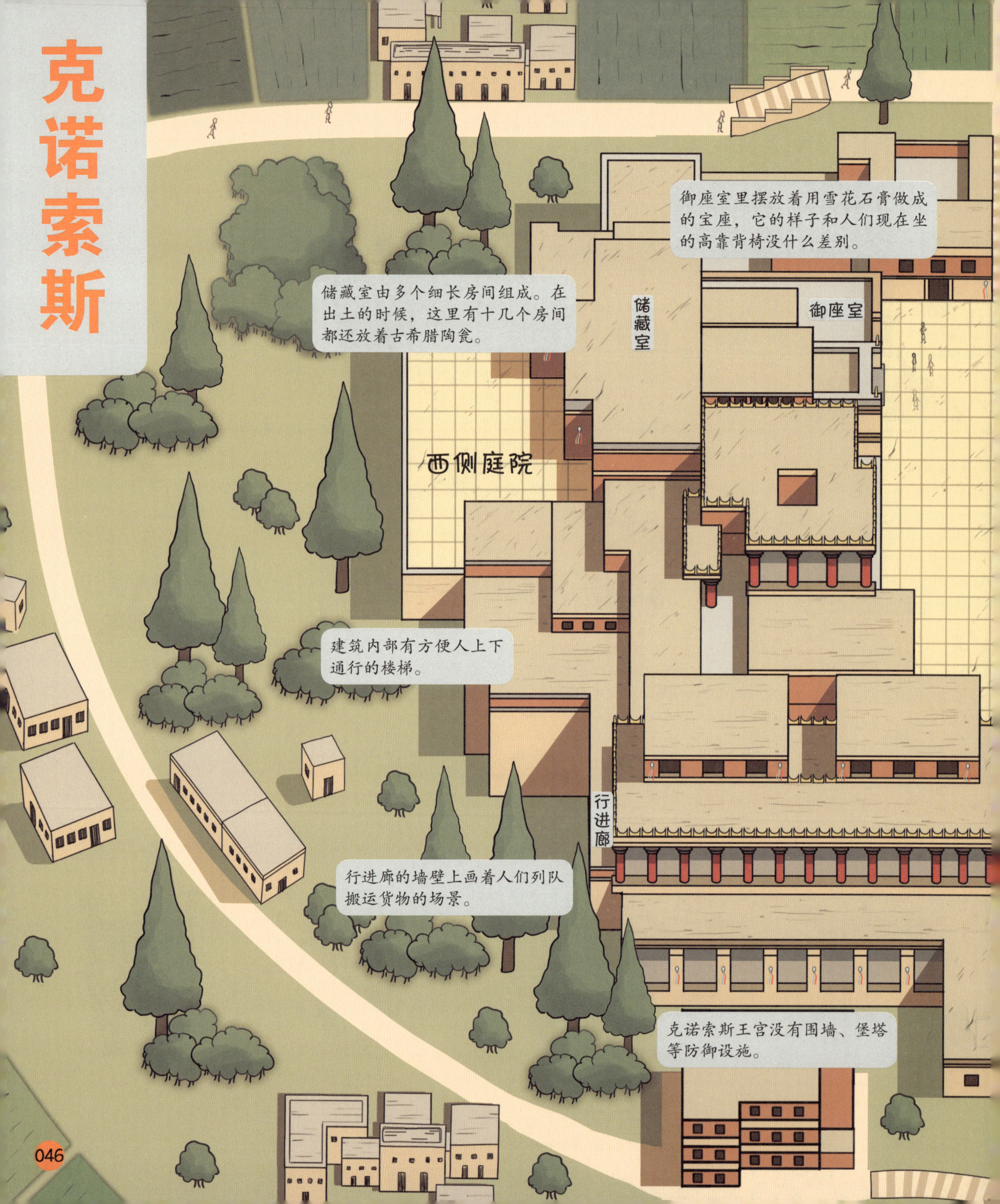


御座室里摆放着用雪花石膏做成的宝座，它的样子和人们现在坐的高靠背椅没什么差别。

储藏室由多个细长房间组成。在出土的时候，这里有十几个房间都还放着古希腊陶瓮。

建筑内部有方便人上下通行的楼梯。

行进廊的墙壁上画着人们列队搬运货物的场景。

克诺索斯王宫没有围墙、堡塔等防御设施。

王宫外的建筑基本都有较大的屋顶露台。

克诺索斯王宫依坡而建，宫殿分为东西两部分，西部有办公区、祭祀区和储藏区，东部有王室的居住区。

王后的麦加伦室中有美丽的壁画，其中的居室设有浴室和浴缸，以及可以冲水的厕所。这种卫生设施在古代世界是罕见的。

米诺斯文明又称克里特文明，约始于公元前 1900 年，至公元前 1450 年左右结束。克诺索斯王宫是米诺斯文明的中心，在米诺斯文明鼎盛的时期，估计有 3 万人居住于克诺索斯王宫及其附近区域。王宫遗址发现于 1878 年，后由英国学者阿瑟 · 伊文斯进行大规模发掘。已发掘的王宫遗迹大部分属公元前 1700—前 1500 年的新王宫。

# 克诺索斯王宫遗址

克诺索斯王宫这一遗址的发现，对研究欧洲文明的起源有着重要作用。

这是克诺索斯王宫遗址最具代表性的建筑，朱红色的圆柱矗立在石阶之上。

王宫遗址的标志性建筑 ▷

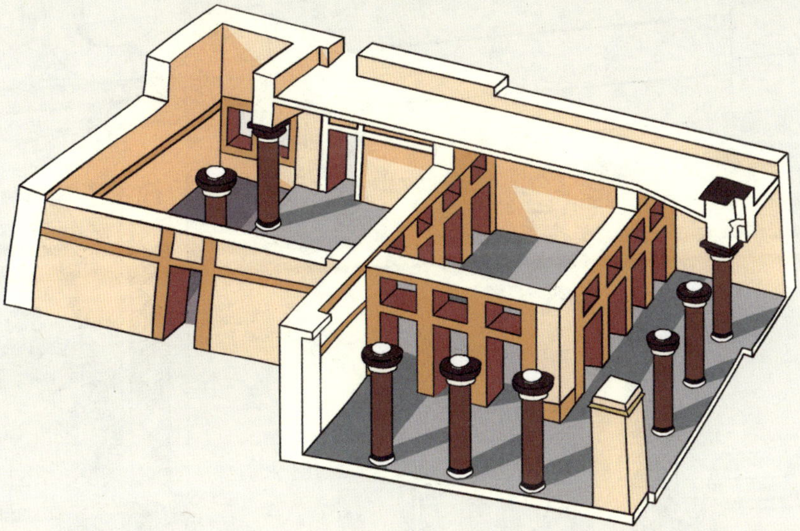

△ 大厅内部结构剖面图

克诺索斯当地的气候较为温和，所以房屋一般是开敞的，室内外常常只用几根柱子进行分隔，房间与房间之间也是这样。不过，也有一部分房间在冬天可以封闭，以便人生火炉取暖。

△ 海豚戏水壁画

这幅优美雅致的海豚戏水壁画位于王后寝宫的侧壁，它是克诺索斯最独特的壁画之一。

## 火山和地震的受害者

克里特岛位于地中海东部，是爱琴海诸岛中面积最大的岛屿。在公元前 1900 年左右，克里特岛进入米诺斯文明时期。

米诺斯文明的中心是克里特岛的克诺索斯地区，古人在这里建起了宏伟的宫殿，创造了独具特色的文化与艺术。没有克里特岛优越的地理位置和自然条件，米诺斯文明无法达成这样的成就。

然而，克里特岛并不是完美无缺的，这里经常发生地震，周遭的火山随时可能喷发，这些天灾还可能会引起海啸。克诺索斯地区的宫殿曾经几度遭到破坏，这很可能与地震、火山喷发和海啸有关。有学者推测，在一次次自然灾害中，城市被毁坏，米诺斯人没有了抵御外敌的力量，米诺斯文明最终走向了灭亡。

# 米诺斯人的跳牛运动

克诺索斯王宫中有许多圆柱，它们上粗下细，且颜色多为朱红色。
男人通常穿着短裙，女人则身穿长裙。
在米诺斯人心中，公牛有着十分崇高的地位。有学者推测，跳牛运动可能是一种神圣的祭祀活动。

跳牛运动是一种惊险刺激的运动，
参与者必须和发怒的公牛一同完成。
参与这项运动的人必须接近
来势汹汹的公牛，设法越过
它的背部。
克诺索斯王宫的壁画描绘了这
项运动。

## 欧洲最早的排水系统

克诺索斯的宫殿拥有欧洲已知最早的排水系统，这里的排水管是陶制的。排水管与宫殿中主下水道的污水管相连。在暴雨天，排水系统能解除水患，雨水还能将下水道冲刷得干干净净。

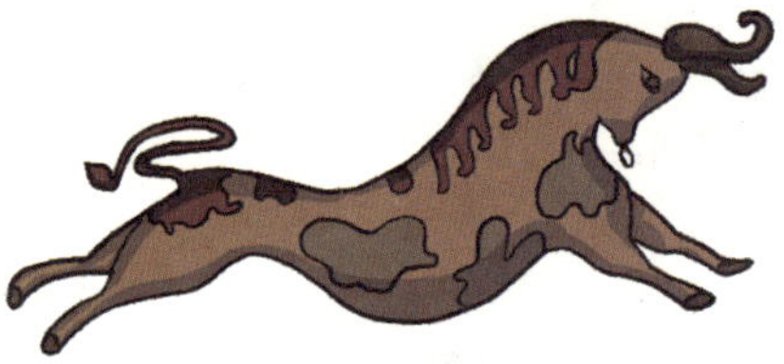

## 对公牛的狂热崇拜

米诺斯人崇拜公牛。他们制作了大量与公牛有关的工艺品，克诺索斯王宫的壁画上描绘着跳牛的场景，国王在参加一些活动时甚至会戴上公牛面具。

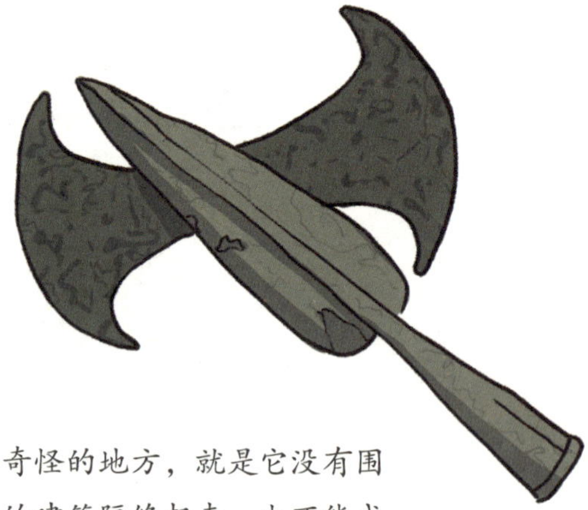

## 没有围墙保护

克诺索斯王宫有一个奇怪的地方，就是它没有围墙，宫殿无法跟周围的建筑隔绝起来，也不能成为军事堡垒。王宫的“不设防”，或许是由于米诺斯人强大的海军足以威慑入侵者，他们的海上舰队就是最牢固的“城墙”。

## 进去了就出不来的宫殿

克诺索斯王宫被人称为“迷宫”，它的走廊和楼梯曲折迂回，看得人眼花缭乱。如果第一次去没有人带路的话，很容易就在里面迷路了。

## 注重外表的米诺斯人

在克里特岛现存的一些壁画中，上面的人物看起来都很年轻、优雅，发型精致。左图描绘的是壁画中的一个米诺斯男性形象，他看起来外貌俊美，显然经过了精心打扮。

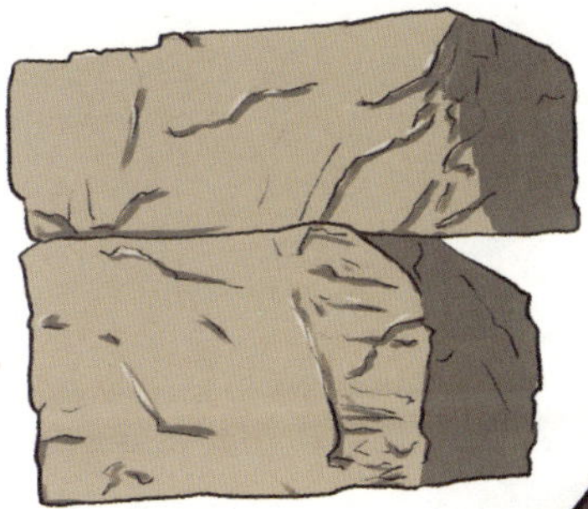

## 用大理石做“灯泡”

克诺索斯的宫殿楼层众多，为了解决底层房间的采光问题，建造者在各个天井的一角都装了一块磨光的大理石，光线可以通过大理石的反射进入房间，使底层的房间更加明亮。

## 最早的水冲坐式厕所

在宫殿中，排水渠上建有木制的厕所座位，主人上完厕所后，仆人会将水倒在水渠之中，将那些污秽之物冲走。只不过这种待遇一般只有皇室成员才能享受得到。

◀ 彩陶牛首

## 米诺斯人的农业文明

古代的克里特岛既有茂密的森林，也有适合农耕的平原。米诺斯人种植小麦、大麦、豌豆等农作物，还会培育葡萄、无花果等水果，并且能够利用简单的方式制作出橄榄油和葡萄酒。

## 危险的跳牛运动

跳牛运动的参与者必须接近发怒的公牛，迅速抓住它们的角，借力越过公牛的背，随后安全落地。如今，法国、西班牙、葡萄牙以及非洲一些地区还有类似的运动或仪式。

## 为什么用木头柱子

宫殿的柱子是用大树刨锯出来的。木结构具有韧性大、自身重量轻等特点，具有一定的抗震效果。因此，使用木头柱子可以减少地震对宫殿造成的破坏。

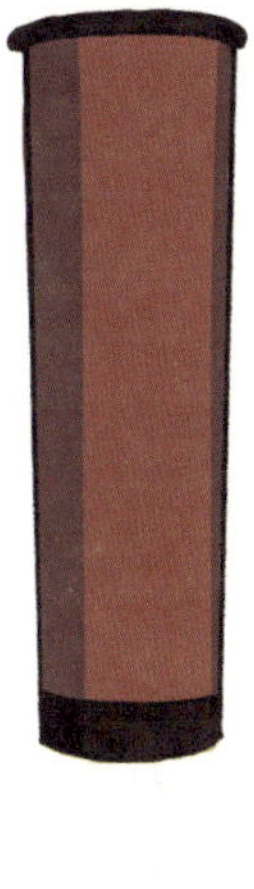

# 克里特岛历史大事记

**约公元前 6000 年**

克里特岛上的居民已经学会耕作和驯养家畜，并能用石头建造房屋。

**约公元前 3000 年**

克里特岛处于从原始社会向奴隶社会过渡的阶段。

（岛民使用的石器）

**约公元前 1900 年**

克里特岛上出现了奴隶制国家，形成了最早的宫殿建筑。米诺斯文明诞生。

（宫殿中的壁画）

**公元前 1900—前 1700 年**

各地兴建王宫，王宫是奴隶制国家的中心，克诺索斯王宫是其中最大的王宫。同时，克里特岛上的制陶技术达到很高的水平。

## 卡马雷斯彩陶 ▶

卡马雷斯彩陶是米诺斯文明时期盛行于克里特岛的一种陶器，被公认为古代世界最精美的陶器之一。卡马雷斯彩陶的形态优美，形制多样，工匠会在陶器上描绘出抽象的曲线和传统的花草、海景图案，极具观赏价值。

彩陶碗

章鱼纹双耳壶

（出土于克里特岛的“跳牛飞人”铜像）

**公元前 1500—前 1450 年**

可能是由于地震或周边火山喷发，克里特岛各王宫又屡遭破坏。

**公元前 1700—前 1500 年**

各王宫遭受破坏后纷纷重建，米诺斯文明和米诺斯艺术进入鼎盛时期。

**约公元前 1450 年**

克里特岛被迈锡尼人占据，米诺斯文明也走向了衰亡。

单耳陶瓶

彩陶杯

彩陶罐

彩陶罐

# 迈锡尼城

住在王宫附近的人大部分是贵族，他们居住的房子十分宽敞。
工匠作坊
工匠作坊能制作精美的纺织品、金银器等。
城外有许多农田和村镇，普通民众在此从事农耕活动，生产粮食。
迈锡尼城的城墙很厚，它们通常是用粗糙的巨石堆砌而成的。

迈锡尼城遗址由德国考古学家 H. 谢里曼在 1876 年发掘，至此，《荷马史诗》中的城市迈锡尼被证明真实存在。迈锡尼文明因迈锡尼城而得名，该文明存在的年代大致为公元前 1600—前 1100 年，它继承和发展了米诺斯文明，是爱琴海文明的重要组成部分。

# 狮子门

迈锡尼城的城墙和城门都是用巨石砌成的，古城的狮子门一直保留至今，成为古老文明的见证与象征。

因为这块三角形巨石上雕刻着两只威风凛凛的狮子，所以这座城门就被人们称为“狮子门”，传说两只狮子的头曾经是用黄金制成的。

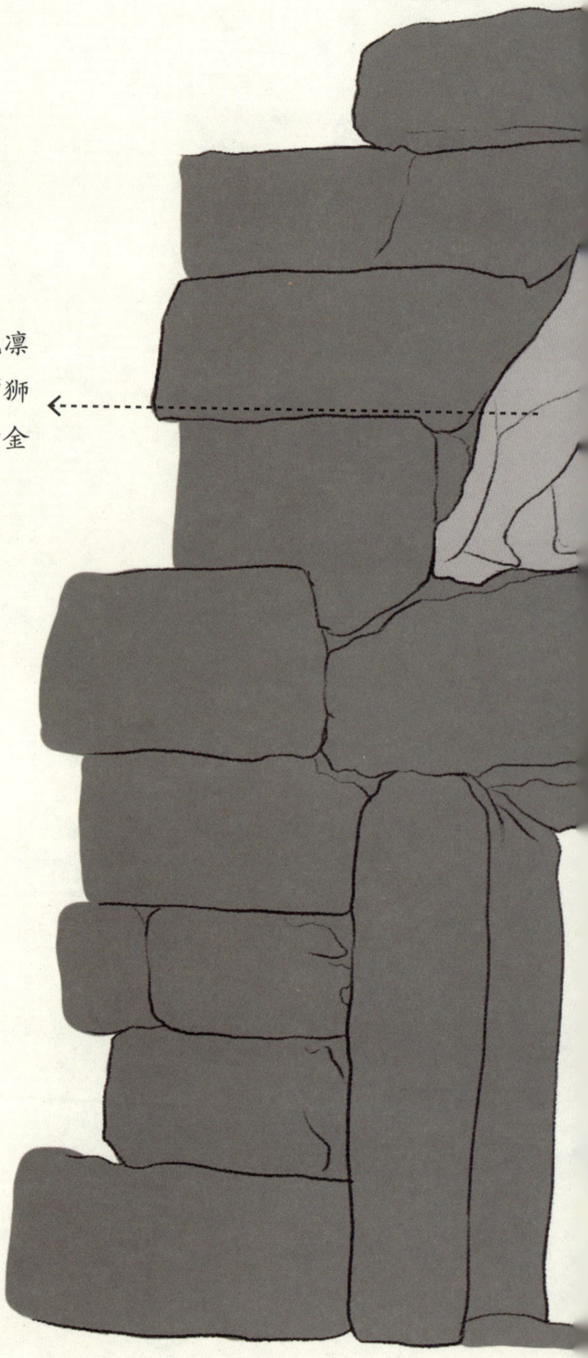

△ 狮子门

在迈锡尼城，通过狮子门，顺着石头铺成的大道向上走，就可以抵达山顶的宫殿。

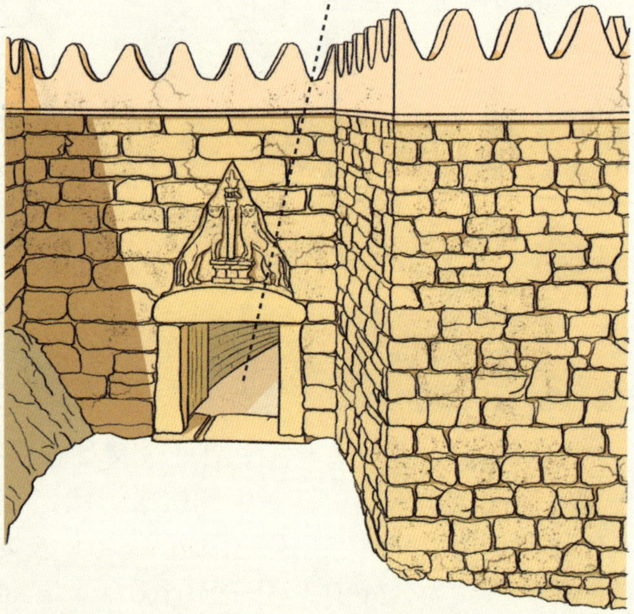

△ 城墙

狮子门是当时迈锡尼城防御体系的一部分，它宽约 3.5 米，高约 3.5 米，可以供骑兵和战车通过。

## 极具威慑力的狮子门

在公元前 17 世纪，迈锡尼文明开始在伯罗奔尼撒半岛活跃起来。迈锡尼城是迈锡尼文明的中心，约建于公元前 14 世纪。

迈锡尼战争频发，迈锡尼城设有严密的城防。它的城墙用形状不规则的石块垒成，平均厚度有 6 米，在当时坚不可摧。如果有一支军队想要打下迈锡尼城，他们一定会发现自己无法攻破那些高大的城墙，只有通过城门才能进城。于是，他们会找到城墙西北处的狮子门，此时他们还需要面对城墙上方的守卫。

值得一提的是，组成狮子门的巨石十分沉重，最大的一块甚至重达 20 吨，现代人尚不知晓当时的迈锡尼人是如何搬动这些石块的。

# 特洛伊战争

公元前12世纪，为了争夺海上霸权，迈锡尼王国跟小亚细亚西南沿海的国家发生冲突，其中最著名的就是这场充满传奇色彩的特洛伊战争。

战车可以在战场上快速移动，士兵可以在战车上用长矛作战。

迈锡尼人大约在公元前16世纪末期开始使用战车，与古埃及人开始使用战车的时间大致相同。

以特洛伊战争为背景的《荷马史诗》，对后来的欧洲文学产生了非常大的影响。

城下的士兵们伺机攻城，而特洛伊的弓箭手就驻守在城墙上，将弓箭对准了敌人。
迈锡尼时代的盾牌形制比较多样，早期以大型盾牌为主，随着护甲的不断完善，他们的盾牌逐渐变小。
特洛伊城虽然位于亚洲，但在一些古希腊神话中，特洛伊城被视为古希腊城邦的一部分，其文化被认为与古希腊文化相似。

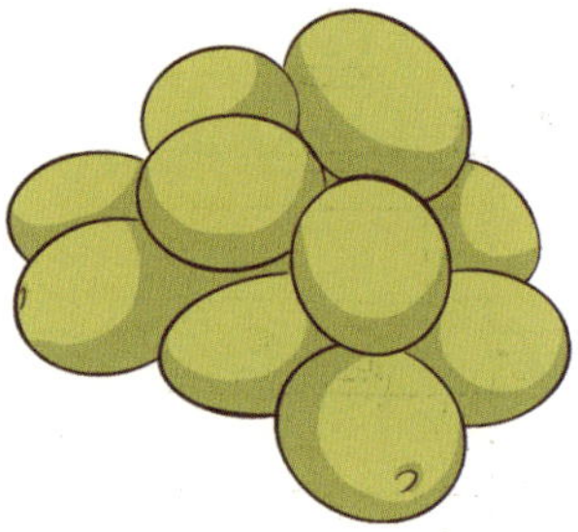

## 特洛伊战争

特洛伊的王子拐走了美女海伦，为了复仇，古希腊城邦联盟向特洛伊宣战，迈锡尼国王阿伽门农率领庞大的舰队进攻特洛伊……这就是《荷马史诗》中描述的特洛伊战争。

## 大受欢迎的芳香油

迈锡尼有一种受欢迎的出口商品——一种小瓶装的芳香油。这些芳香油由用油橄榄果实榨出的橄榄油和香料制成，被用来清洗身体，其作用类似于现在的沐浴露。

## 穿上就变成“龙虾”的盔甲

登德拉盔甲是迈锡尼人在军事装备上的一种创新，士兵穿上它之后，看起来就像一只大龙虾。登德拉盔甲虽然看起来很笨重，但它足够轻便，士兵们穿着盔甲可以用剑和矛进行徒步战斗。

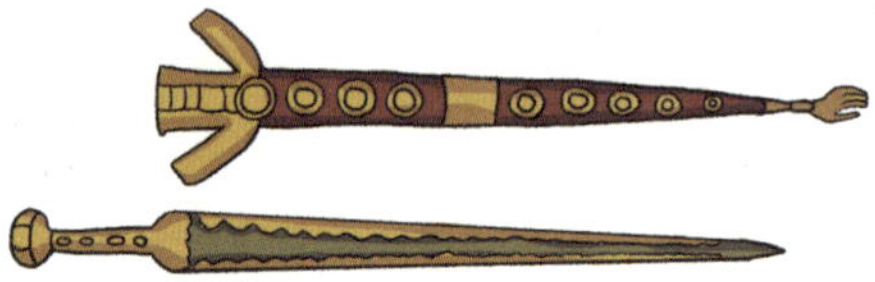

## 精美的宝剑

迈锡尼人在剑的装饰上可以说是下足了功夫。他们用来装饰剑柄的材料可谓是五花八门，常见的有黄金、象牙，此外还有大理石、水晶、玛瑙，完全可以称得上是工艺品了。

## “野猪牙”头盔

在较长的一段时间里，迈锡尼人都用“野猪牙”头盔作为头部防御手段。这种头盔用野猪牙或羊角等材料做成。根据大小和结构的不同，它的重量会有差异，但一般在 1~2 千克之间。

## 好战的迈锡尼人

迈锡尼人留存下来的文物中，很多都是青铜武器。这也从侧面说明了迈锡尼人的好战。

## 像墙一样的大型盾牌

塔盾是迈锡尼常见的大型盾牌，它的外形大致呈长方形。当一列士兵的盾牌在战场上靠在一起时，看起来就像一面牢不可破的墙。

## 社会结构

在迈锡尼文明的许多居住点，居民分为自由民和奴隶两大等级。从皮洛斯出土的文书记载，那时当地的女奴及其子女约有 1 500 人，男奴的数量少于女奴。这些奴隶有些是战俘，有些是买来的。

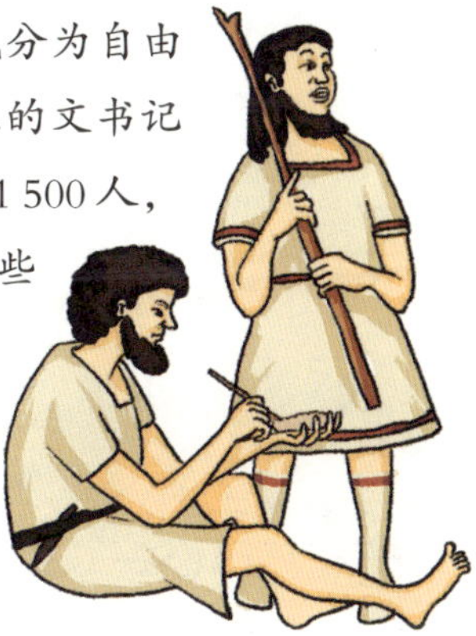

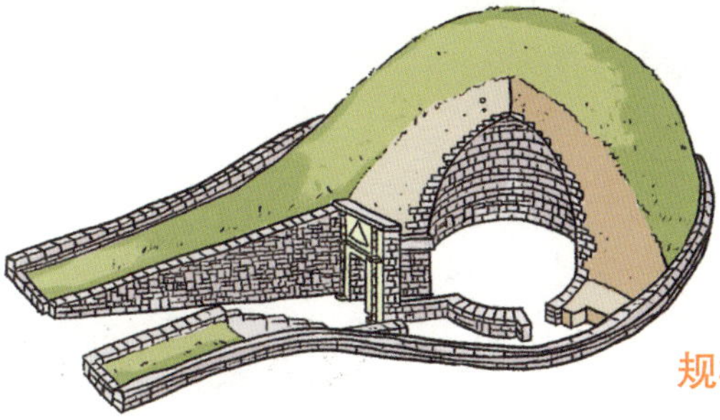

## 规模宏大的圆顶墓

迈锡尼的国王会通过建造圆顶墓来展示自己的权势和财富，其中最雄伟的一座是被称为“阿特柔斯宝库”的圆顶墓。根据传说，阿特柔斯是著名国王阿伽门农的父亲。

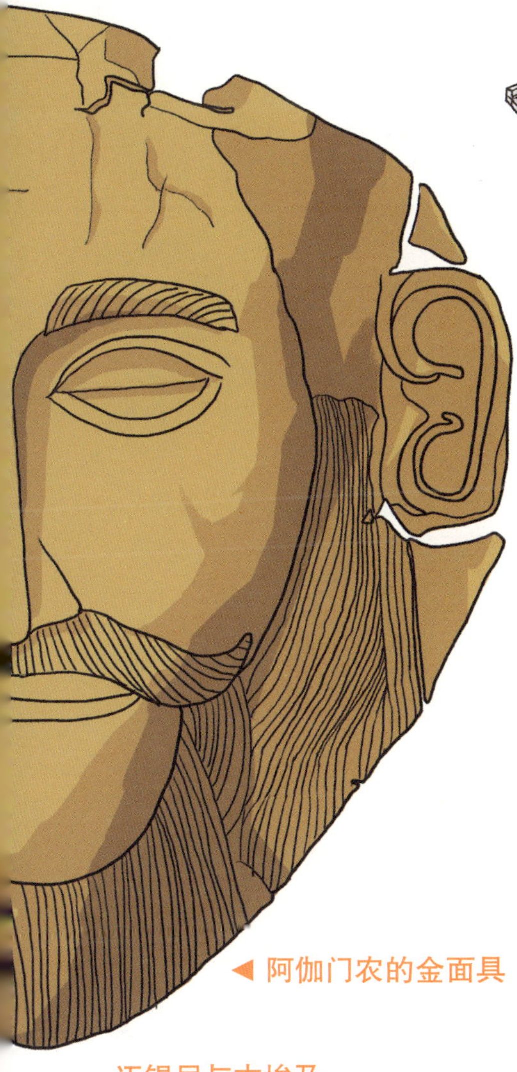

◀ 阿伽门农的金面具

## 传说变成现实

《荷马史诗》中曾提到迈锡尼的情况，但学术界一度认为只是传说。直到 19 世纪 H. 谢里曼发掘出墓地和金银饰品后，迈锡尼文明和它的历史地位才得到认可。不过，《荷马史诗》中的英雄阿喀琉斯只是神化了的虚构人物。

## 木马攻城记

传说中，古希腊联军攻打特洛伊城时久攻不破，于是他们制作了一个巨大的木马，摆放在特洛伊城门前的海滩上。第二天，特洛伊人发现了木马，高高兴兴地把木马拉入城中。到了晚上，趁特洛伊人熟睡之际，藏在木马中的古希腊士兵钻了出来，打开了城门。然后，古希腊联军将整个特洛伊城掠夺成空。

## 迈锡尼与古埃及

古埃及国王图坦卡蒙的墓室中出土过一幅画，上面有数名穿戴“野猪牙”头盔的士兵与古埃及人并肩作战的场景。此外，埃及还曾出土过迈锡尼陶罐，这说明迈锡尼与古埃及之间可能有着密切的往来。

# 迈锡尼历史大事记

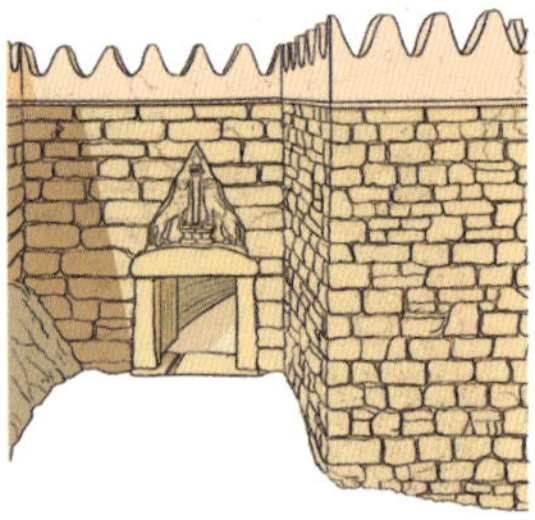

## 约公元前 1600 年

迈锡尼人立国。由于王国的首都名叫迈锡尼城，这一文明被人们称作“迈锡尼文明”。

## 公元前 1600—前 1500 年

迈锡尼文明处于早期发展阶段。迈锡尼人制作某些工艺品时会仿效米诺斯人的风格。

（迈锡尼短剑）

## 约公元前 1450 年

迈锡尼人入主克里特岛的克诺索斯王宫，并且在米诺斯人线形文字 A 的基础上发展出了线形文字 B。

（刻有线形文字 B 的泥板）

## 公元前 1400—前 1200 年

迈锡尼文明达到鼎盛时期，迈锡尼城始终是迈锡尼王国的中心。

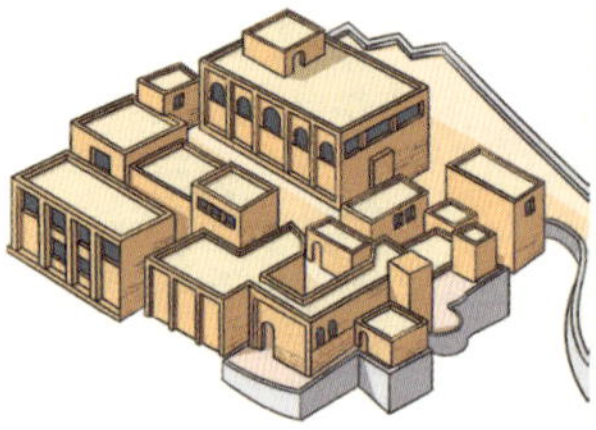

## 迈锡尼青铜器 ▶

迈锡尼人继承了米诺斯人的冶炼技术，并在青铜器的制作上更胜一筹，他们不仅可以制作青铜武器和盔甲，还能制作精美的生活器具。青铜铸造技术的发展，促进了迈锡尼文明的繁荣，迈锡尼的各种青铜制品出口到了地中海沿岸各国及更远的地区。

青铜匕首

青铜剑

**约公元前 12 世纪末**

多利亚人入侵，迈锡尼文明随之消亡。

**公元前 12 世纪**

迈锡尼国王率古希腊联军远征特洛伊。

**公元前 11—前 9 世纪**

迈锡尼文明消亡后，古希腊地区的对外贸易中断，生产活动仅限于农牧业，这一时期被人们称为“黑暗时代”或“荷马时代”。

青铜马

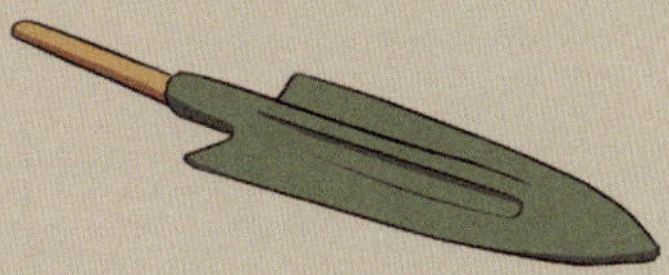

青铜长枪枪头

青铜碗

# 雅典

公元前5世纪，雅典是一个由公民治理的城市，雅典没有王室的宫殿，不过有神庙、剧院等建筑。

古代雅典普通居民的住房分布在小巷子中，相当狭小。

为了防止外敌侵犯，保障雅典出海口的安全畅通，雅典人在长达几千米的道路两侧各修建了一道高墙。

伊瑞克提翁神庙是雅典卫城的著名建筑之一，传说海神波塞冬与雅典娜曾在这里争做雅典的守护神。

帕特农神庙位于雅典卫城的最高点，是雅典的地标建筑。

狄俄尼索斯剧场建于公元前6世纪，它以古希腊神话中的酒神命名。

在古希腊，卫城具有特殊的意义。它们一般位于城市中最高的地方，既是举行祭祀大典的重要场所，也是战争时期居民的避难所。现在，雅典卫城是希腊最著名的景点之一。

城中既有出售饮料的推车，也有提供葡萄酒和美味食品的小酒馆。

雅典是著名的文化古城，素以“欧洲文明的摇篮”著称。公元前8世纪，古希腊的城邦逐渐发展起来，雅典是最为著名的城邦之一。公元前5世纪，在伯里克利执政期间，雅典的经济、政治和文化达到全盛状态，帕特农神庙、卫城山门等都是在这一阶段修建的。

比雷埃夫斯港至今仍是希腊的重要港口。

# 帕特农神庙

帕特农神庙是为了歌颂雅典战胜波斯侵略者的伟大胜利而建的。这座建筑的主体部分依然矗立在今天的雅典卫城上。

与帕特农神庙相邻的伊瑞克提翁神庙以女像柱闻名天下。女像柱是西洋建筑艺术的一种特殊表现形式，它们既是表现美好女性形象的雕像，也是支撑神庙的柱子。

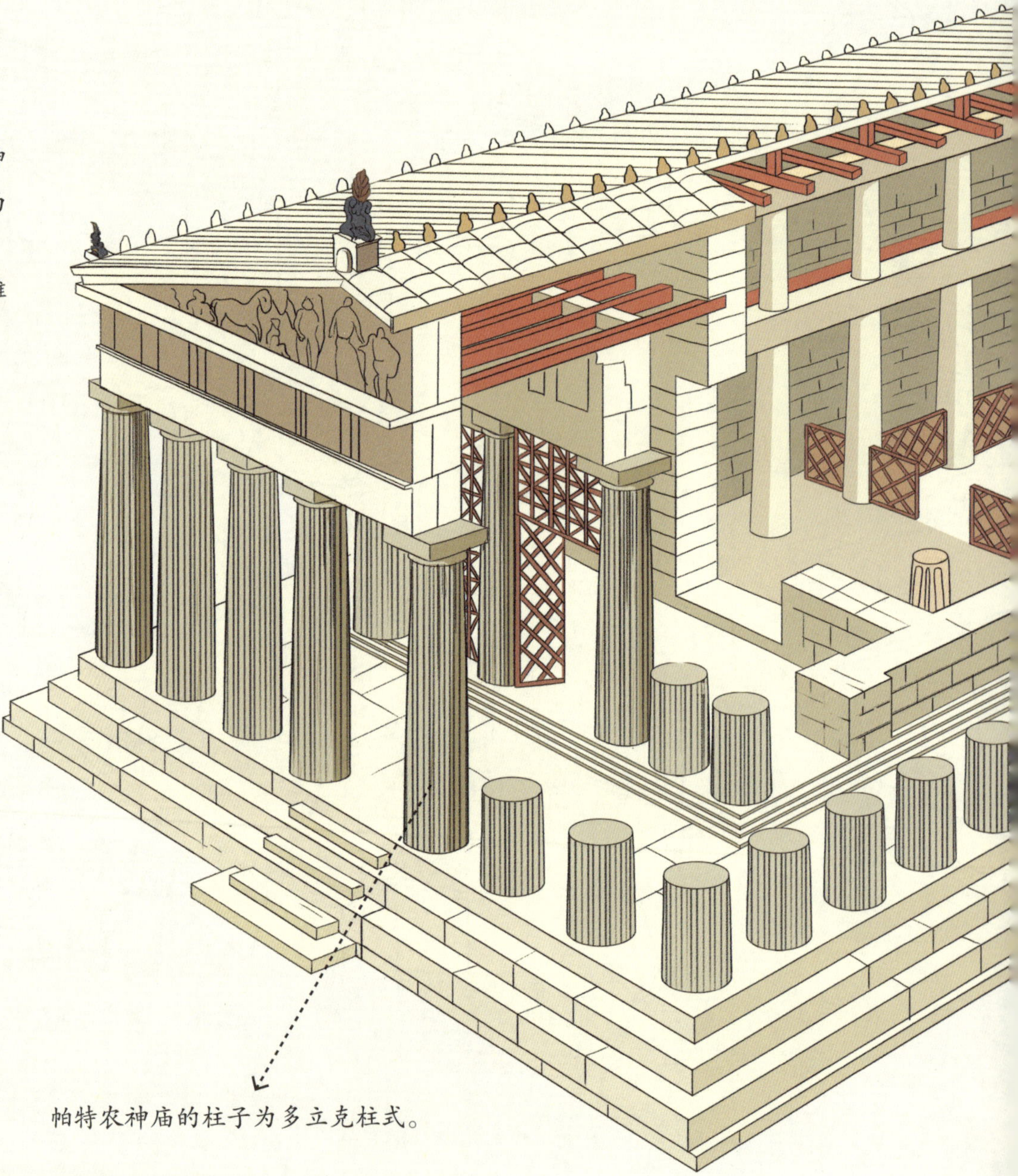

帕特农神庙的柱子为多立克柱式。

△ 伊瑞克提翁神庙的女像柱（复原图）

帕特农神庙背西朝东，内部被分成东西两个部分，东部是放置雕像的厅堂，西部是存放财物和祭品的库房。

△ 帕特农神庙的内部结构

这是雅典娜女神的雕像，是雅典人花了大价钱建造出来的。据说这座雕像在建造时使用了大量的黄金和象牙。

## “雅典的王冠”

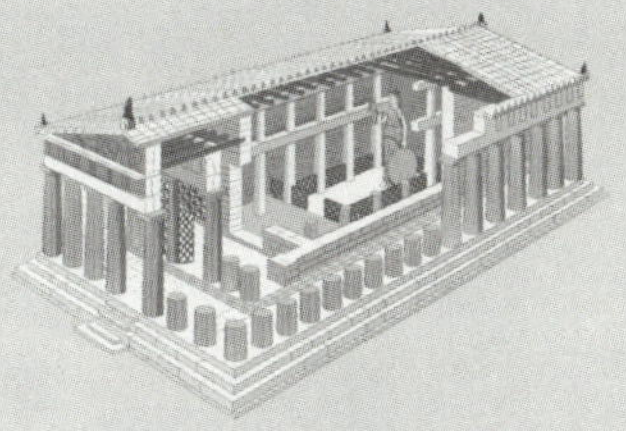

帕特农神庙是希腊史上最著名的神庙，是希腊建筑艺术的代表。位于雅典卫城最高处的帕特农神庙，供奉着象征智慧的女神雅典娜。

帕特农神庙在希波战争中被毁，重建工程在公元前 447 年动工，至公元前 432 年才最终完成。这座神庙有着一个了不起的工程团队——它由伊克蒂诺斯和卡利克拉特担任建筑师，雕刻巨匠菲迪亚斯负责雕塑装饰的设计。这使神庙在建筑和雕刻上均达到了极高的水准，被人们誉为“雅典的王冠”。

17 世纪，土耳其人占领雅典时，将帕特农神庙当作火药库使用。1687 年，威尼斯军队的炮火击中了神庙，火药被引爆，神庙遭到了严重损坏。如今在雅典，人们仅能看到帕特农神庙残留的主体部分。

# 吟游诗人荷马

相传，荷马是古希腊的一位盲诗人，他通过搜集、整理民间流传的故事、传说等，创作出了两部长篇史诗——《伊利亚特》和《奥德赛》，统称为《荷马史诗》。

正在弹奏七弦琴的，就是著名的吟游诗人荷马。

《荷马史诗》在包括雅典在内的古希腊各地广受欢迎。公元前 5 世纪之后，在雅典最为重要的节日——泛雅典娜节上，吟诵《荷马史诗》成为官方指定的活动。

公元前 6 世纪初，《荷马史诗》在古希腊人中就享有盛名。当时有不少人是靠背诵《荷马史诗》为生的。

《荷马史诗》主要讲述了特洛伊战争中阿伽门农与阿喀琉斯的争斗，以及奥德修斯返乡过程中的传奇故事。

《荷马史诗》不仅是古希腊神话的重要来源，也是历史考古的重要依据。现代考古学之父H.施里曼正是根据《荷马史诗》中的描述，才让特洛伊城、迈锡尼城等古城重见天日。

2 000多年来，《荷马史诗》一直被西方人视为最伟大的史诗。

## 古代奥林匹克运动会

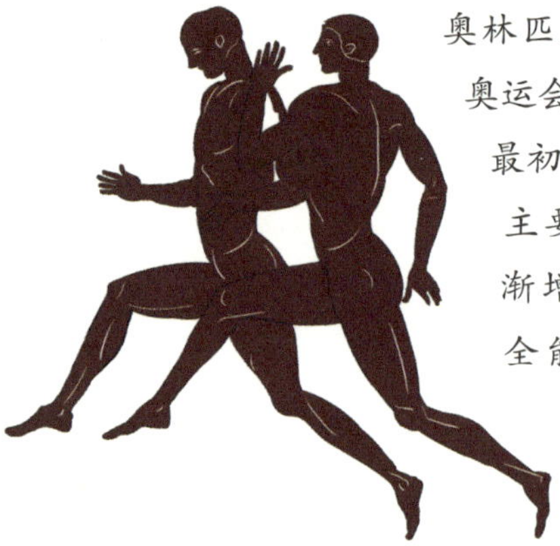

公元前776年，第一届古代奥林匹克运动会（即古代奥运会）在古希腊举行。最初奥运会的竞技项目主要是田径，后来逐渐增加了摔跤、五项全能、拳击、赛马、角斗、战车赛、武装赛跑等项目。

## 参加运动会的运动员

古代的运动员在比赛时裸身上阵，全身涂满橄榄油，身体显得特别健美。但是在赛马、武装赛跑等项目的比赛中，运动员可以佩戴装备。

## 帮助解答问题的祭司

古希腊人认为神有着预见未来的力量，因此，他们会特意前往一个叫“神示所”的地方拜访祭司。古希腊人相信，神会通过祭司给予他们指示，解答他们的疑惑。

## 重视全面教育

雅典城邦高度重视教育，除了体育、军事训练和道德教育，他们还注重智力和审美等方面的教育，希望能把受教育者培养成有多方面兴趣和才能的公民。

▲ 神话中的雅典娜

## 内部昏暗的神庙

与装饰华丽的外部不同，古希腊神庙的内部相对简朴。因为没有窗户，神庙内显得黑暗、阴森。

## 泛雅典娜节

为了庆祝新年与丰收、纪念女神雅典娜，雅典城邦会在雅典历法的1月间举办泛雅典娜节。节日期间不仅有各种庆典活动，还会举办各种比赛，包含体育、朗诵、舞蹈比赛等，说明了雅典人对文化与艺术的重视。

## 男女共同竞技的战车比赛

古代奥运会通常不允许女性参加比赛，不过作为马匹主人和驯马师的女性可以参加战车比赛。据今人所知，古代奥运会中的战车比赛一共诞生了 4 名女性冠军，她们的冠军是与男性运动员同台竞技夺得的。

## 亚里士多德

亚里士多德是柏拉图的学生，是古希腊伟大的哲学家、科学家和教育家。他学识渊博，著作涉及众多学科，堪称一位“百科全书式”的学者。

## 古希腊的婚歌传统

婚歌是古希腊的一种抒情诗歌，一般在婚礼中被演唱。婚歌经常用重复的叠句来表达对新婚夫妇的赞美和祝福。

## 陶片放逐法

雅典城内的公民用陶片当选票，通过全民投票的方法决定被放逐的人选。只要出席人数超过 6 000，得票最多者就要被逐出，10 年后才可回来。

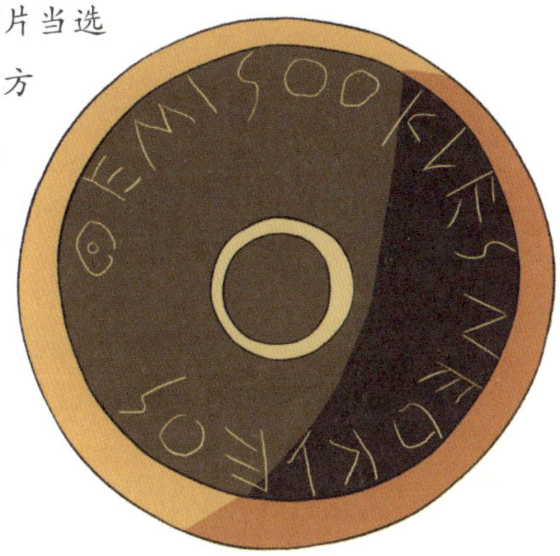

## 古希腊的雕塑艺术

古希腊的雕塑艺术成就极高。起初，古希腊雕塑家模仿了古埃及人的雕塑风格，但他们并不止步于此，开始追求用自然真实的手法来表现人的形象，并逐渐形成了自己的风格。不难发现，古希腊的许多雕塑作品都是细致入微、栩栩如生的。

# 古希腊城邦历史大事记

**公元前 8 世纪**

古希腊地区出现了城邦。

**公元前 776 年**

为了纪念奥林匹亚诸神，古希腊人举办了第一届古代奥运会。

（手持桂冠的古希腊女神形象）

**公元前 594 年**

梭伦被选为雅典执政官，开始进行一系列政治、经济和社会改革，颁布了《阿提卡法典》。

**公元前 492 年**

波斯军队远征古希腊，古希腊诸城邦奋起反抗，最终成功击退波斯人。

## 古希腊三大柱式 ▶

古希腊有三种基本柱式，分别是多立克柱式、爱奥尼亚柱式和科林斯柱式。多立克柱式给人雄健有力的印象，帕特农神庙中采用了这种柱式。爱奥尼亚柱式则给人优雅高贵的印象，伊瑞克提翁神庙用到了这种柱式。科林斯柱式华丽纤巧，柱头像是长满了花草，雅典的宙斯神庙采用了这种柱式。

多立克柱式

## 公元前 443 年

伯里克利当选雅典的将军。在他主政期间，雅典民主政治达到极盛，经济、文化高度繁荣。

## 公元前 431—前 404 年

公元前 431 年，雅典及其同盟与斯巴达及其同盟之间的伯罗奔尼撒战争爆发。公元前 404 年，雅典宣布投降，斯巴达成为古希腊霸主。

## 公元前 399 年

伟大的哲学家苏格拉底被雅典民众法庭判处死刑。

## 公元前 338 年

雅典与底比斯组成的同盟在喀罗尼亚之战中被马其顿军队打败，之后，古希腊沦为马其顿的附庸。

爱奥尼亚柱式

科林斯柱式

# 波斯波利斯

宫殿的主建筑物由暗灰色的大石块建成，表面用大理石装饰。

波斯帝国的国王只有在外族来进献贡品，或是在举行国王的登基大典等重要活动时，才会移驾到这座宫殿。

波斯波利斯位于今天的伊朗。它始建于公元前 518 年，是为了纪念波斯帝国阿契美尼德王朝的历代国王而建的。整个工程由大流士一世、薛西斯一世和阿尔塔薛西斯一世三代国王历经几十年才完成。波斯波利斯是古希腊人对这座城市的称呼，意为“波斯人的城市”。它是波斯帝国的首都之一，用于接受各国朝拜。

# 王宫遗迹

公元前330年，波斯波利斯王宫在波斯帝国与马其顿王国的战争中，被烧得只剩下断壁残垣。不过，我们仍然能够从波斯波利斯王宫的遗迹里窥见当时的辉煌。

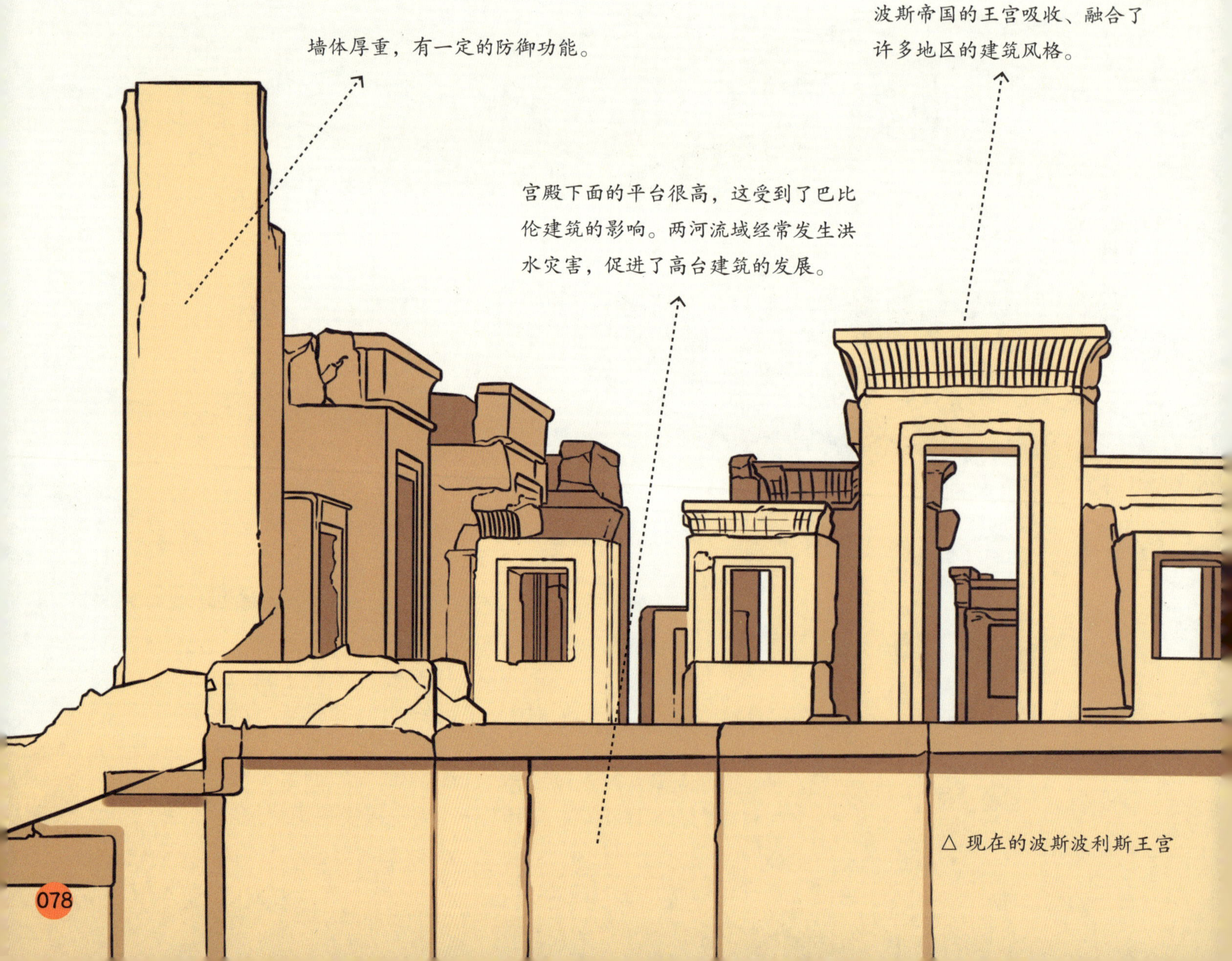

△ 现在的波斯波利斯王宫

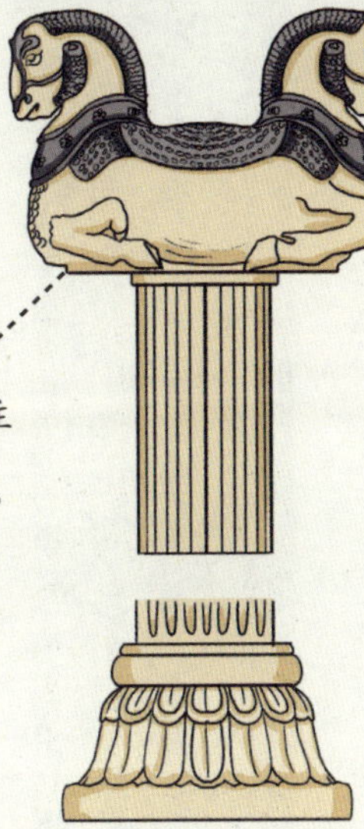


△ 宫殿中的柱子

## 毁于战争

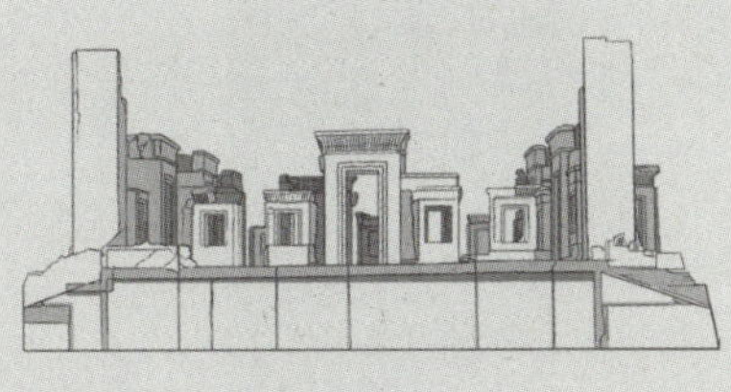

公元前 550 年，波斯国王居鲁士二世率领波斯人打败了米底王国，进而对外扩张，建立了波斯帝国。

波斯波利斯是波斯帝国的都城之一，最早由大流士一世兴建，后来又被其他国王改建或扩建。波斯波利斯有着规模极大、装饰雕刻极精美的宫殿，是波斯帝国强盛时期的杰作。可是，波斯帝国没能一直强盛下去，侵略古希腊战争的失败是波斯帝国历史的转折点，此后的波斯帝国日渐衰落。

公元前 336 年，亚历山大成为马其顿王国的国王，于不久后踏上了攻打波斯的征程。波斯人无法阻止亚历山大东征的脚步，只能眼看着领土被不断占领。公元前 330 年，波斯波利斯陷落。没过多久，宫殿就在大火中被烧毁。

# 接见使臣

每当新年到来的时候，波斯帝国的附属国会派出使节，带上贡品来拜见波斯帝国的国王。

这种朝贡体现了波斯帝国统治者的权力。

进贡的使者包括亚美尼亚人、埃兰人、巴比伦人等。

人们进献的贡品有绵羊、牛、骆驼、马、布匹等。

朝觐殿是波斯波利斯最宏伟的建筑，这里是波斯国王接见进贡者的地方。
双手握矛、身穿长袍的波斯士兵站在一旁，彰显着帝国的威严。

## “国王的耳目”

波斯帝国将领土划分为多个行省，各个行省的管理者——总督由国王直接任命。在国王大流士一世进行改革后，权力向中央集中，各省的总督都被国王派遣的官员严密监控着，这些负责监督的官员被称为“国王的耳目”。

## 古代波斯的教育

古代波斯注重道德品质的培养，也很重视体育和军事训练。古希腊的历史学家希罗多德曾说过，波斯人只教孩子3件事：骑马、射箭和诚实。

## “骆驼兵团”

有一次，波斯和吕底亚的军队两相对峙，波斯国王居鲁士二世想出了一个办法：让骆驼对抗对方的骑兵。吕底亚的马见到骆驼后，因为害怕和惊慌转身就跑，吕底亚的骑兵们只能跳下马，被迫从骑兵变成了步兵，不敌波斯军队。

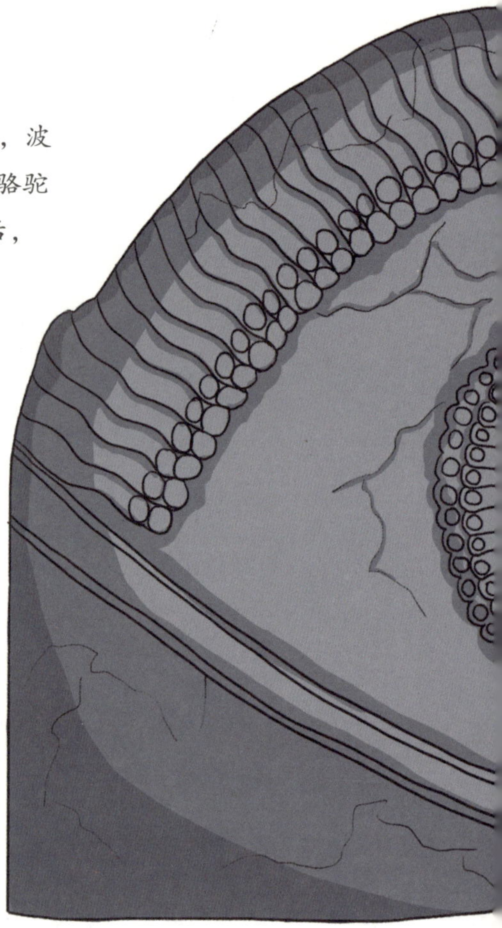

## 冒牌货夺取王位

居鲁士二世死后，冈比西斯二世继承了王位。据说，他秘密杀害了亲兄弟巴尔迪亚。公元前522年，趁冈比西斯二世远征古埃及时，和巴尔迪亚长得很像的高墨塔冒充巴尔迪亚，发动政变，夺取了王位。

## 发达的驿道交通

波斯帝国在其领土内修筑了大量的驿道。在驿道上，每隔25千米左右设置一个驿站，站内配备马匹，消息和物资可以通过这些驿道和驿站快速传递。据说，波斯国王可以在王宫吃到地中海的鲜鱼，足见其“物流”之快。

## “魔法飞毯”

《一千零一夜》里提到的魔法飞毯，就是在世界上享有盛名的波斯地毯。波斯地毯凭借独特的风格和精湛的织造技术，自古就受到人们的喜爱。

## 击败古埃及大军的秘密武器

传说波斯国王冈比西斯二世在出征古埃及时，将猫、圣鹮（huán）等古埃及人崇拜的动物排列在阵前。这一招让那些虔诚的古埃及士兵不敢随意发动进攻，最终被波斯士兵打败。

## 居鲁士二世

居鲁士二世又称居鲁士大帝，是波斯帝国的建立者。在征服新巴比伦王国后，他尊重当地人民的信仰与习俗，并让当地的贵族参与行政管理。他较为开明的政策为他积累了威望。

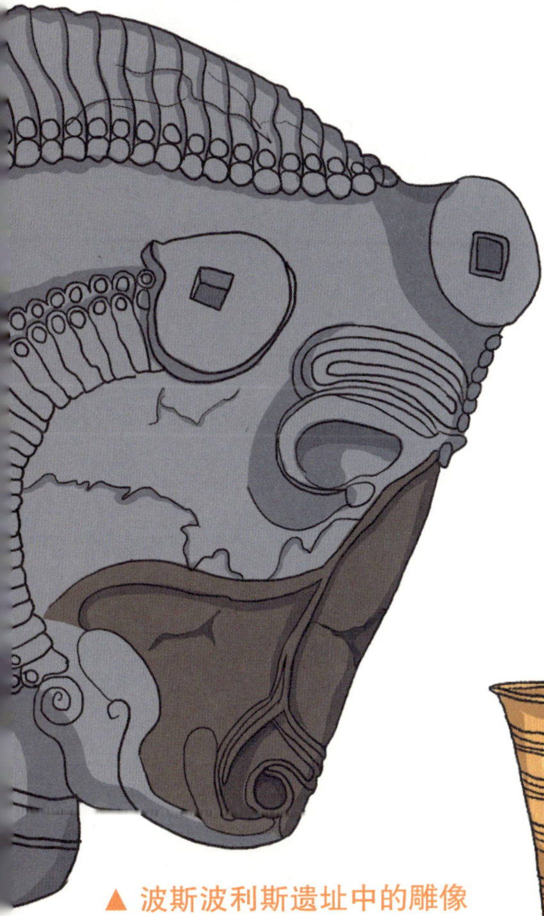

▲ 波斯波利斯遗址中的雕像

## 万人“不死军”

“不死军”是波斯帝国一支神秘的精锐部队，它的每一位士兵都是精英中的精英，而且部队人数基本维持在10 000人。如果部队中有人战死或者生病，就会有其他人顶替上去。

## “世界上最快的信使”

希罗多德曾评价，波斯信使是世界上跑得最快的。他们日夜兼程地奔波在波斯驿道上，只为了将信息传达到帝国的各个角落。

## 翼狮角杯

翼狮角杯是波斯帝国具有代表性的金属工艺品。翼狮是古代两河流域的守护神，以它的形象打造的翼狮角杯则是财富与权势的象征。

# 波斯帝国历史大事记

**公元前 612 年**

米底王国和新巴比伦王国灭亚述帝国。当时的波斯落入米底王国的统治。

**公元前 550 年**

居鲁士二世推翻米底王国的统治，波斯帝国诞生。

（居鲁士二世的形象）

**公元前 539 年**

波斯帝国灭新巴比伦王国，后者沦为波斯帝国的一个行省。

**公元前 525 年**

冈比西斯二世率军征服古埃及，俘获了古埃及国王普萨美提克三世。

（冈比西斯二世攻打古埃及）

## 波斯波利斯的浮雕 ▶

波斯波利斯宫殿建筑的一个亮点，是平台上的那些石刻浮雕，雕刻的内容是波斯君主威严的仪表、强大的军队和其他国家的使者前来朝拜的场景。这些精美的浮雕是波斯人给人类留下的不朽遗产，波斯帝国当时的辉煌由此可见一斑。

（刻有大流士一世形象的金币）

## 公元前 522 年

大流士一世成为波斯国王。他在位期间，帝国不断扩张，版图空前辽阔。

## 公元前 492 年

大流士一世遣兵西侵古希腊，希波战争正式打响。

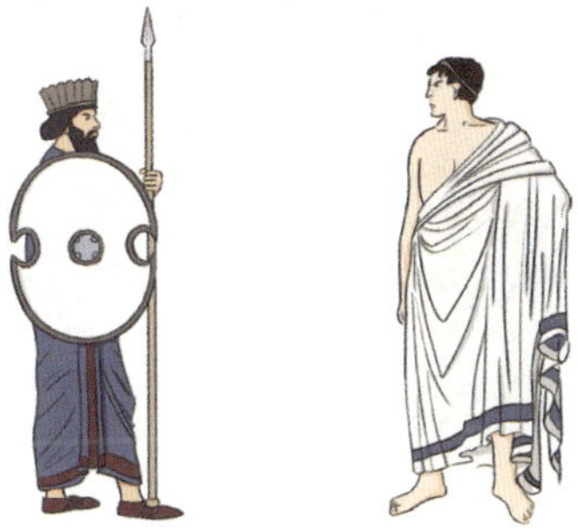

## 公元前 449 年

雅典代表与波斯签订合约（史称《卡利亚斯和约》）。波斯帝国西侵古希腊失败。

## 公元前 330 年

马其顿国王亚历山大率军攻占了波斯波利斯，波斯帝国就此灭亡。

# 罗马城

罗马万神殿分为前庭和正殿。正殿的平面是圆形，它与正面立着圆柱的门廊相连。罗马万神殿体现了古典建筑庄严、和谐的特征。

罗马城位于台伯河下游，台伯河为其提供了水源。

城中的平民大多居住在公寓里，罗马城的公寓楼一般高6层，最下面一层是临街的店铺。

马克西姆斯竞技场是古罗马最大的战车比赛场地，它可以供12辆马车并排行驶。观众席可以容纳大约15万名观众。

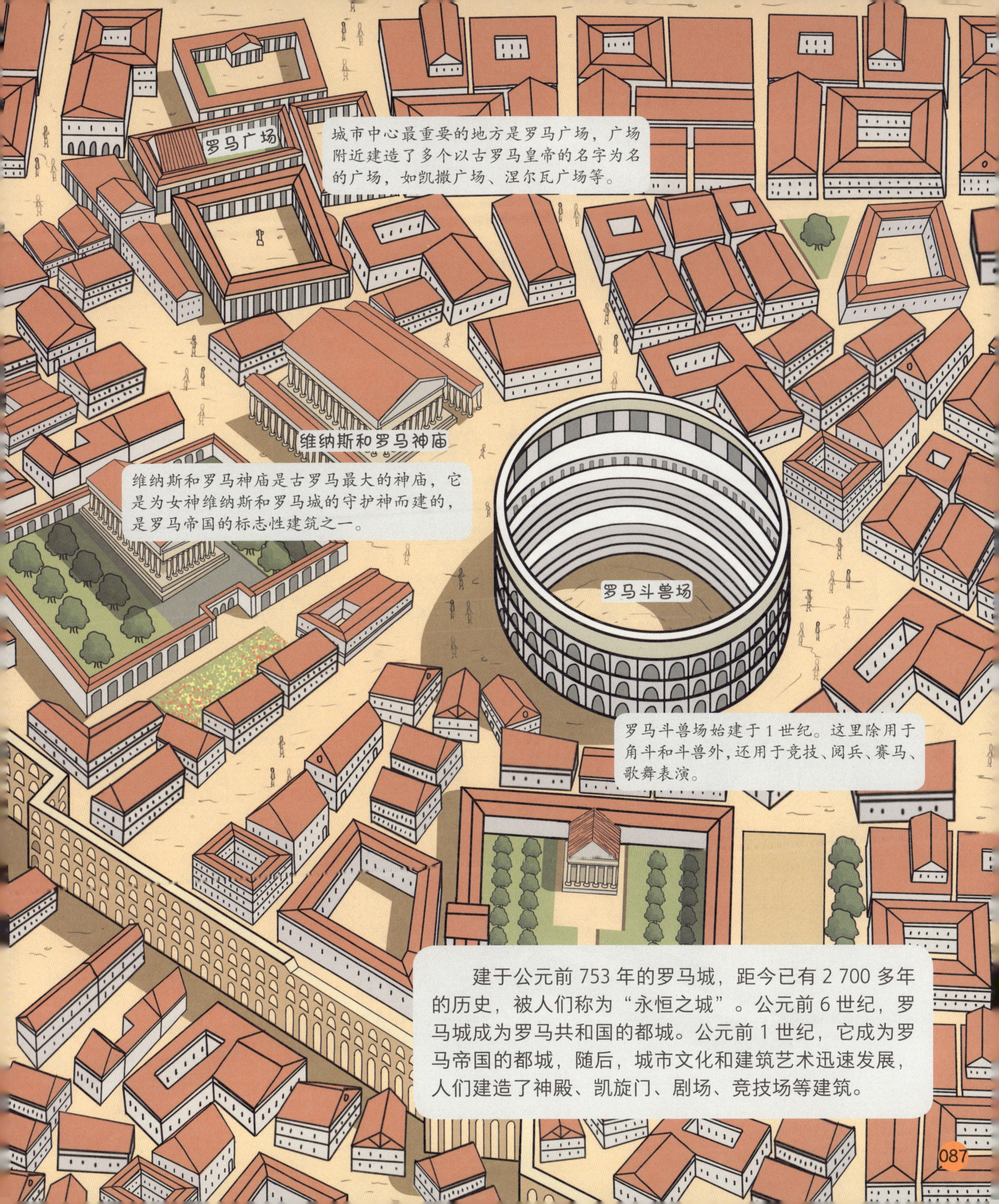


城市中心最重要的地方是罗马广场，广场附近建造了多个以古罗马皇帝的名字为名的广场，如凯撒广场、涅尔瓦广场等。

维纳斯和罗马神庙是古罗马最大的神庙，它是为女神维纳斯和罗马城的守护神而建的，是罗马帝国的标志性建筑之一。

罗马斗兽场始建于1世纪。这里除用于角斗和斗兽外，还用于竞技、阅兵、赛马、歌舞表演。

建于公元前753年的罗马城，距今已有2 700多年的历史，被人们称为“永恒之城”。公元前6世纪，罗马城成为罗马共和国的都城。公元前1世纪，它成为罗马帝国的都城，随后，城市文化和建筑艺术迅速发展，人们建造了神殿、凯旋门、剧场、竞技场等建筑。

# 罗马斗兽场

罗马斗兽场又叫作“罗马竞技场”，它是罗马帝国的标志性建筑之一，也是全世界保存至今的最古老、最宏伟的斗兽场。

罗马斗兽场的观众席约有60排，共分为5个区。最靠近表演区域的第1区是贵宾区，这里是皇帝、元老等的位置。观众席的第2区供贵族使用，第3区是给富人使用的，第4区由普通公民使用，第5区则是给社会底层使用的站席。

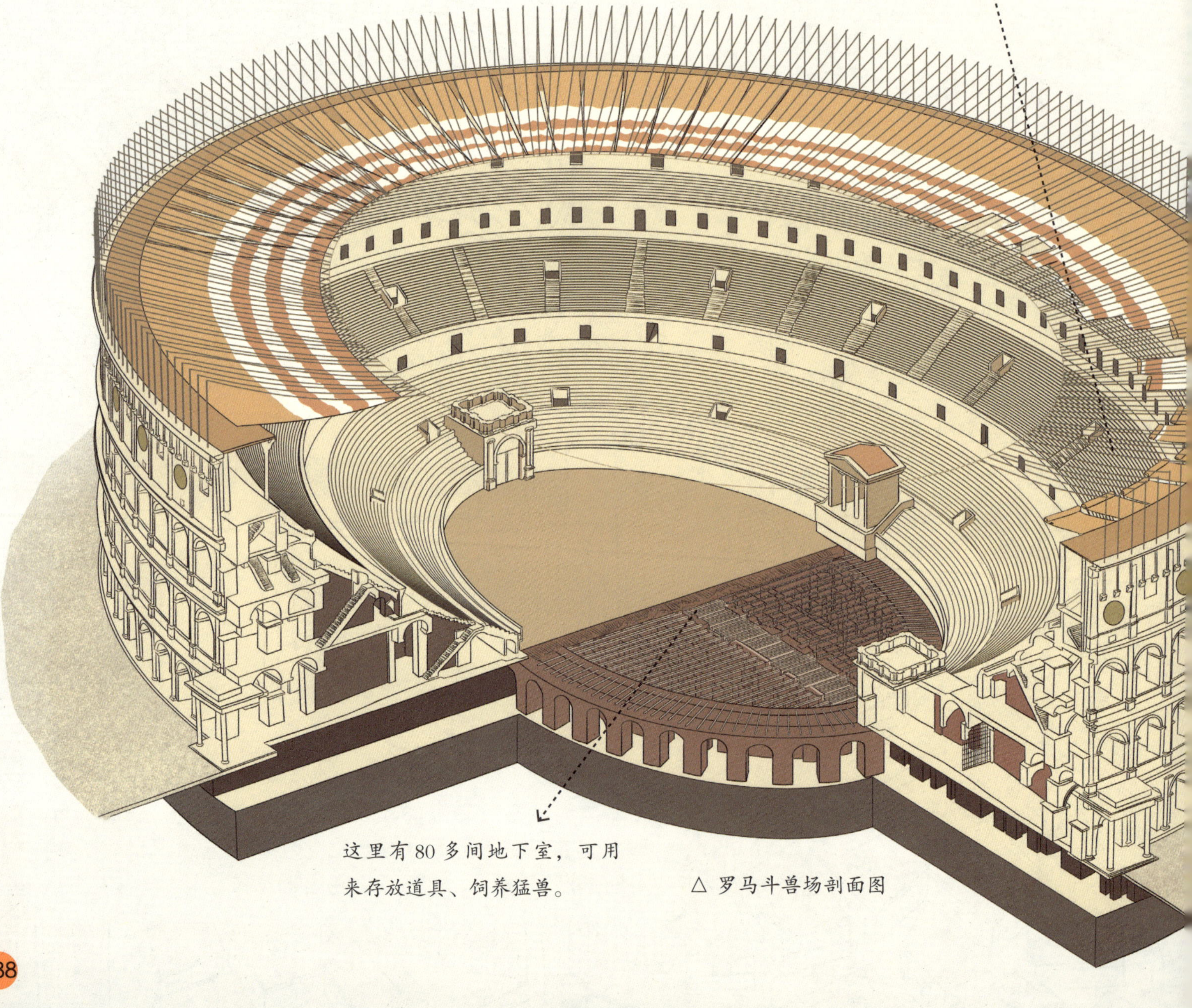

这里有80多间地下室，可用来存放道具、饲养猛兽。

△ 罗马斗兽场剖面图

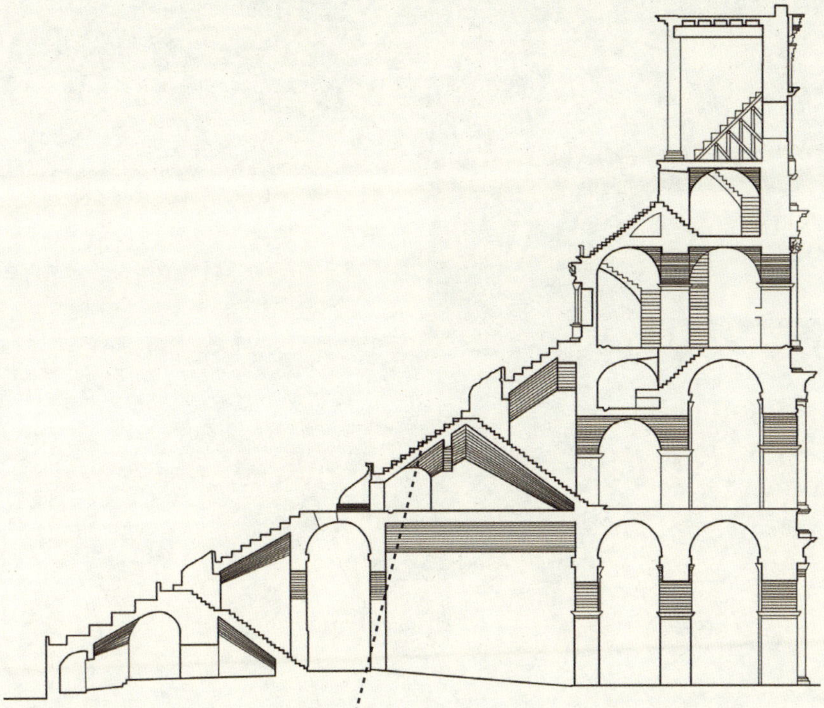

△ 观众席的剖面图

斗兽场的看台层层后退，呈阶梯式。观众入场时按照座位编号，先找到自己应从底层的哪个拱门入场，再找到对应的楼层，最后找到自己的座位。

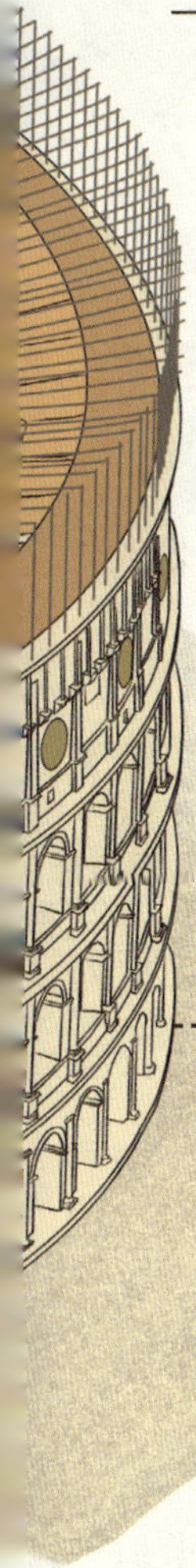

罗马帝国的奴隶主、贵族和自由民等都可以在这里观看斗兽或奴隶角斗，场内可容纳约 5 万名观众。

## 宫殿变成了斗兽场

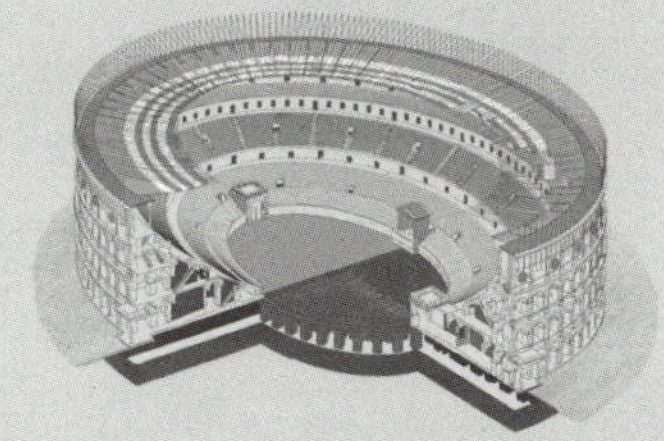

罗马这座城市位于意大利半岛中西部，是著名的历史文化名城。1983 年，罗马古城被列为世界文化遗产。

古罗马在其发展的历史过程中，建有非常多的大型公共建筑和纪念性建筑，这样的建筑在首都罗马城尤其多，罗马斗兽场就是其中一座。

罗马斗兽场的建造还得从著名的罗马暴君尼禄说起。64 年，罗马城发生了一起重大火灾，许多房屋被烧毁。大火扑灭后，尼禄却没有重修那些被烧毁的房屋，而是劳民伤财地在原地兴建了一座宫殿，其中还包含了一个可以竞舟的人工湖泊。尼禄死后，其后继者决定把土地归还给市民，于是把宫殿推倒，并抽干湖水，在湖泊处建起了可供市民观赏角斗的斗兽场。这就是罗马斗兽场的由来。

# 罗马元老院

在公元前8—前6世纪的王政时期，元老院由氏族长老组成，是帮助国王处理政务的顾问。

在公元前509—前27年的罗马共和国时期，元老院由卸职的执政官和其他有权势的贵族组成。元老院实际掌管财政、外交等各项事务。

实际上，马卡里这幅画中描绘的一些细节与事实有一些出入。比如，元老院实际有数百人，而画中的人数却很少。

这一场景描绘的是罗马共和国晚期的政治家西塞罗在元老院中向众人揭露喀提林的阴谋，而喀提林独自坐在一旁。这一画面参考自19世纪意大利画家切萨雷·马卡里创作的壁画。

公元前 27—476 年，此时处于罗马帝国时期，权力集中在皇帝手上，元老院的实权被持续削弱。
6 世纪，位于罗马城的元老院被取消，但位于君士坦丁堡的元老院一直延续到了 14 世纪左右。
托加是古罗马人身份的象征。在罗马共和国时期，通常只有男性才可以穿这种长袍，且公职人员的长袍往往镶有紫边，但马卡里忽略了这一点。

# 古罗马社会

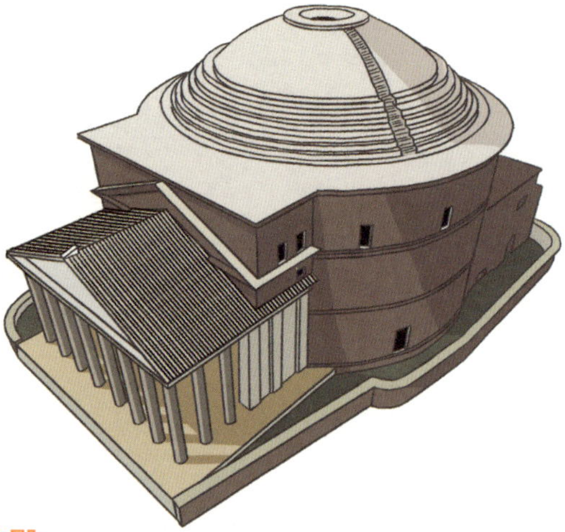

## 罗马万神殿

罗马万神殿始建于公元前 27 年，后来一场大火烧毁了大部分建筑。哈德良皇帝约在 120 年将其重建，重建后的罗马万神殿是古罗马精湛建筑技术的典范。

## “母狼乳婴”的传说

相传，罗慕路斯与雷穆斯是罗马城的建造者。他们是一对双生子，小时候两兄弟被人遗弃，一头母狼给他们哺乳，使他们存活下来。

## 凯撒大帝并不是皇帝

凯撒大帝是后人对凯撒的尊称。凯撒在生前并没有称帝，但他集大权于一身，也是罗马帝国的奠基者，故被某些历史学家视为罗马帝国的“无冕之皇”。

## 没有自由的奴隶

在古罗马，奴隶是奴隶主的所有物，法律只会保护他的主人，不会在乎他的权益与自由。比如说，一个奴隶要是杀死了自己的奴隶主，那么这名奴隶主拥有的所有奴隶都要被牵连处死。公元前 1 世纪，斯巴达克掀起了一场奴隶起义。这一时期接连爆发的大规模奴隶起义，加速了共和制向帝国转变的进程。

## 古罗马军团

古罗马军团是古罗马军队的重要力量。军团的士兵除了擅长作战，还会学习建筑技能，修建防御工事。他们建造的城堡、军用道路等工程遍及全国。

## 角斗士

角斗士通常被理解为“持剑相斗的战士”，但古罗马角斗士所持有的武器多种多样，并不局限于剑。他们由进行过专门训练的奴隶、被解放的奴隶、自由人和战俘组成。这些角斗士在竞技场手持短剑、盾牌或其他武器进行搏斗。

## 美化人物的雕像

古罗马的雕刻作品一度受到古希腊雕刻艺术的影响，经常将人物的形象进行美化，《奥古斯都像》就是典型的例子。原本身材较为矮小的奥古斯都，在雕刻家的手下被塑造成了一位高大健美的统帅。

## 秘密武器

对于古罗马海军而言，乌鸦不只是天上飞翔的鸟。在古罗马与迦太基展开的海上战争中，古罗马海军的船上装有一种名叫“乌鸦吊桥”的装置，这种吊桥可以帮助古罗马士兵登上迦太基海军的船舰，帮助他们发挥其优越的地面战斗技巧。

▲ 士兵的头盔

## 滑稽剧和哑剧

在罗马帝国后期，滑稽剧和哑剧变得越来越受欢迎。滑稽剧是喜剧的一种，演员会结合音乐和滑稽的对白表演出有趣的情节供观众观赏。哑剧则是一种没有对白的表演，演员仅通过音乐和肢体动作来表现戏剧的情节。

## 古罗马凉鞋

古罗马士兵的军鞋被设计成凉鞋的样子，这种凉鞋有助于预防慢性足疾，受到了大家的欢迎。

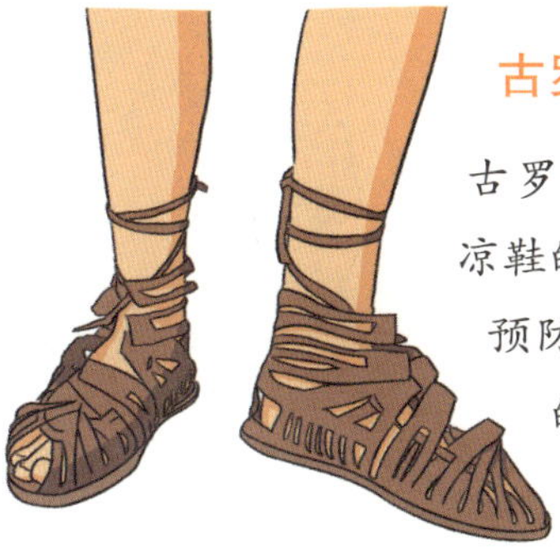

# 古罗马历史大事记

**公元前 753 年**

罗慕路斯和雷穆斯在台伯河边建立了罗马城。

**公元前 578—前 534 年**

塞尔维乌斯·图利乌斯的改革，完成了古罗马由氏族制向国家的过渡。

**公元前 509 年**

古罗马君主卢修斯·塔克文·苏佩布的统治被推翻，古罗马进入共和国时期。

**公元前 451—前 449 年**

古罗马成立了十人立法委员会，颁布了《十二铜表法》，这标志着古罗马第一部成文法的诞生。

**公元 395 年**

狄奥多西一世死后，罗马帝国分裂为西罗马帝国和东罗马帝国（即拜占庭帝国）。

**公元 410 年**

西哥特人占领罗马城。此后，外族频频入侵，西罗马帝国逐渐走向灭亡。

**公元 476 年**

日耳曼人奥多亚克废黜了西罗马帝国末代皇帝，西罗马帝国灭亡。拜占庭帝国成为罗马帝国的唯一继承者。

### 公元前 73 年

在斯巴达克的领导下，罗马共和国爆发了一次规模最大的奴隶起义。

### 公元前 27 年

元老院授予屋大维“奥古斯都”的称号，屋大维成为古罗马实际上的皇帝，古罗马进入帝国时代。

### 公元前 146 年

第三次布匿战争结束，古罗马军队毁迦太基城。古罗马基本完成了对地中海地区的征服。

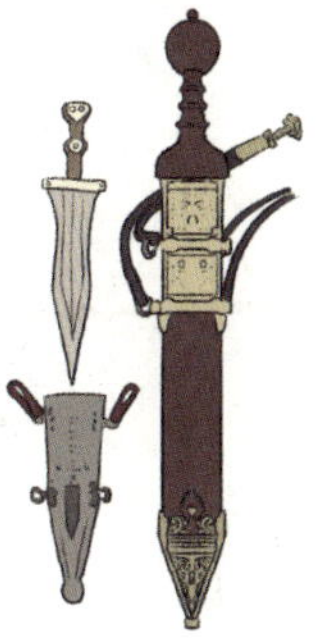

（古罗马短剑）

### 公元前 44 年

凯撒被刺杀，共和国陷入一片混乱。

### 公元 267 年

罗马帝国极度混乱，帝国分裂成三个部分，中央政权几乎瘫痪。

### 公元 96—192 年

古罗马处于安东尼王朝时期，这段时期被称为罗马帝国的“黄金时代”。

### 公元 330 年

皇帝君士坦丁一世在帝国东部的拜占庭设立新都城。后来，该城被更名为君士坦丁堡。

### 公元 212 年

古罗马皇帝卡拉卡拉下令，授予帝国境内所有自由民以“罗马公民权”。

# 迦太基城

迦太基位于非洲北部，临地中海，地理位置优越，这也是古罗马人在旧迦太基城的位置上建立新城的原因之一。
战车竞技场
战车竞技场建造于2世纪，规模仅次于罗马城的马克西姆斯竞技场，可容纳6万~7万人。
古罗马人对迦太基人此前修建的港口进行了重建，内港中央有一座小型神殿。
内港
商港
商港停着满载货物的船只，周围的建筑可能都是仓库。
灯塔可以为出入港口的船只护航照明。
灯塔
地
中

圆形竞技场
这座圆形竞技场可以容纳约 3.6 万人，是当时非洲最大的竞技场之一。
城墙外是一望无垠的棕榈树和热带植物群，这里还坐落着许多贵族建造的乡村别墅。
公元前 27 年，屋大维统治期间的罗马帝国往迦太基城中迁入了 3 000 户家庭，这使新建的迦太基城得到了迅速发展。
广场
大型广场是公众生活的中心，附近有神殿，还有用于法庭庭审的建筑。
迦太基城最早建于公元前 814 年，以它为中心，一个强大的奴隶制国家逐渐发展成了地中海西岸的霸主。然而，公元前 146 年，迦太基被古罗马征服，迦太基城也被古罗马军团焚毁。100 多年后，古罗马人在这里建立了新的迦太基城。到了 2—3 世纪，这里已是罗马帝国最为繁华的城市之一。
海

# 迦太基城的港口

公元前146年古罗马军团的入侵，使得原来的迦太基城像谜一样从历史上消失，但现代人仍能从迦太基古城遗址中窥见这座城市曾经的繁华。在迦太基古城遗址中，有一处具有特殊意义的港口。

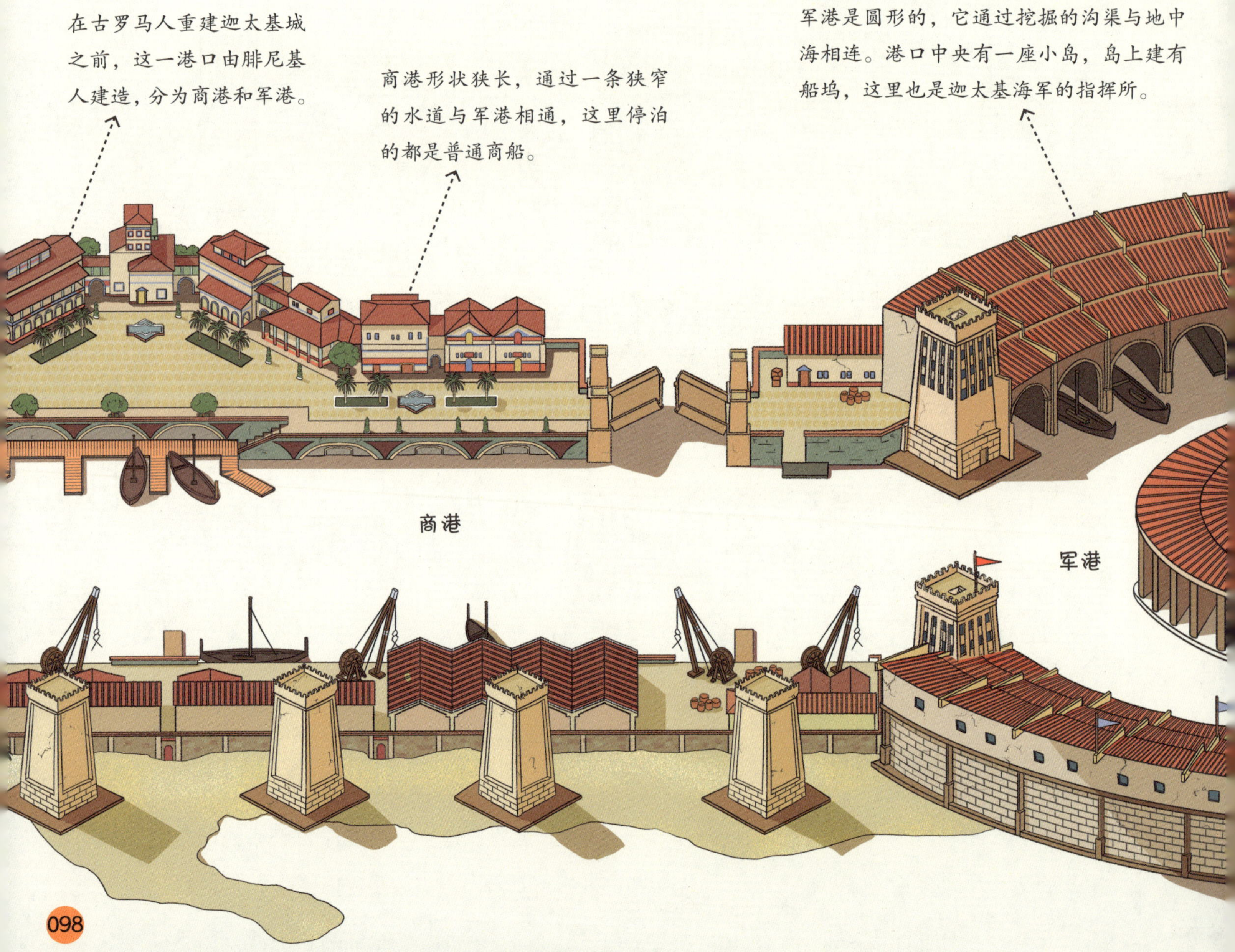

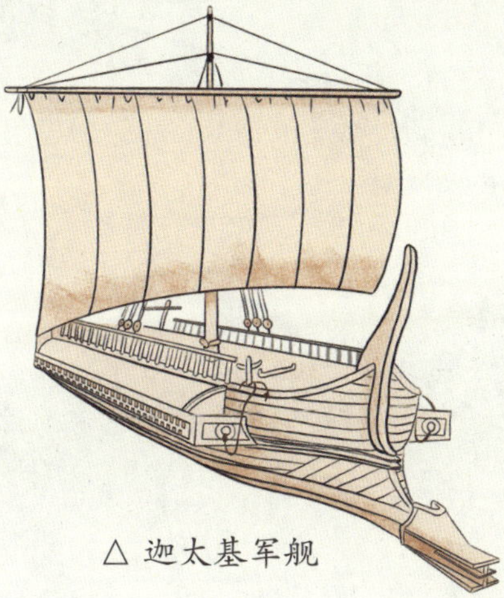

△ 迦太基军舰

圆形小岛的四周都是船坞，它们排列有序，一个连着一个，据说可以同时容纳 200 多艘战舰停泊或是进行维修保养。

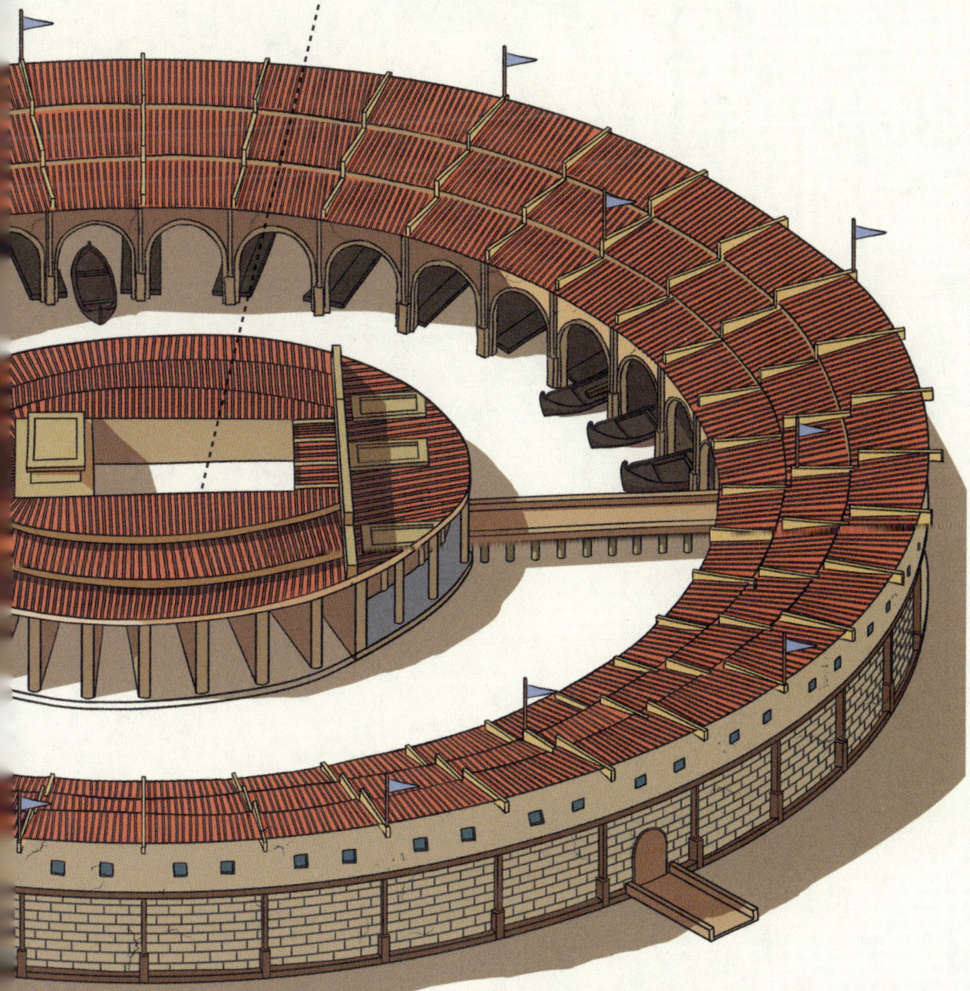

△ 腓尼基人建造的港口（想象图）

## 往日荣光

迦太基城最开始由腓尼基人所建，修建时间比罗马城还要早 61 年。在公元前 8—前 6 世纪，迦太基是地中海西部的贸易中心，拥有强大的海军。实际上，迦太基发达的商贸和强大的海军都离不开一个东西，那就是它的港口。

在迦太基城的港口，我们可以通过狭长的商港进入圆形军港。商港中停泊着满载货物的商船，商船的不远处就有待命的军舰。商船带来财富，而军舰提供了安全和保障。可以说，迦太基的富裕和繁荣，与港口脱不开关系。

# 港口上的迦太基人

迦太基的船只和外国商人的船只可以使用大型商港，这个港口是人造的，水深约2米。

迦太基人既会把自己的商品卖到地中海周边地区，也会收购某个地方的商品，转手卖到另一个地方。

迦太基人交易的物品有橄榄油、谷物、咸鱼和大蒜等，此外还有金属、布匹、罐子等物。

迦太基王国拥有庞大的船队，这里的居民十分善于航海，他们经常带着琳琅满目的货物在地中海上航行。
迦太基的水手发明了一种圆底船，这种圆底船可以装载更多的货物。
迦太基人的手工业也十分发达，他们尤其擅长制造纺织品。
迦太基人生产的紫红色布匹深受人们喜爱，它们被贩卖到了地中海沿岸的一些古希腊城邦中。

# 迦太基文明

## 迦太基神话

迦太基流通的金币雕刻着女神塔尼特和马的形象。迦太基人有着自己的神话，塔尼特是他们的战争女神、哺乳女神。他们像古埃及人和古希腊人那样信奉着多位神明，但因为迦太基文明留下的痕迹相对较少，迦太基人的神话并不那么知名。

## 用一张牛皮建起的城市

关于迦太基建城的传说有不同版本，其中一个版本是，腓尼基的狄多公主带领追随者逃到非洲北部，当地土著承诺给他们一张牛皮大的地方，腓尼基人于是把那张牛皮剪成长长的细绳，将绳子连在一起，在紧靠海边的山上围起一块地皮，就这样建立起了一个城市。公主为它取名“迦太基”，在他们的语言中意为“新的城市”。

## 古罗马的劲敌

古罗马与迦太基的关系对地中海地区的历史产生了深远影响。罗马共和国崛起后，与迦太基之间的竞争最终演变成战争，其中最著名的就是三次布匿战争。

## 发明了字母的腓尼基人

腓尼基人除了建造迦太基，还发明了腓尼基字母。他们简化了复杂的楔形文字，发明了由22个字母组成的字母文字体系。古希腊字母、拉丁字母以及现在的英文字母，都是由腓尼基字母演化而来的。

## 发达的造船业

迦太基曾是海上的商业和军事强国，有着十分发达的造船业。迦太基人在造船时会先大量制造船舰的零部件，再将这些零部件拼接成完整的船，这样的建造方式在当时是效率较高的。

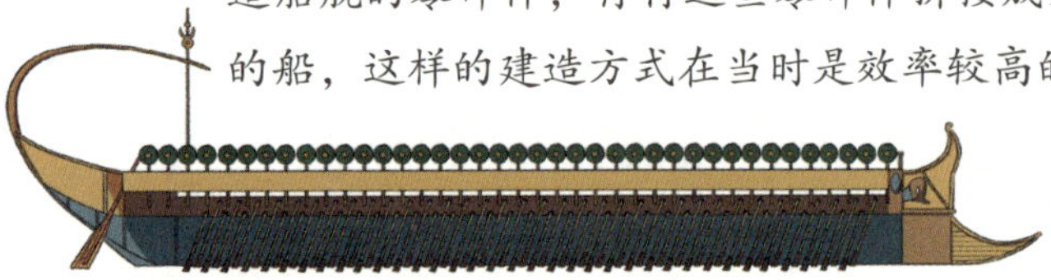

## 海螺里的秘密

迦太基人擅长生产紫色染料，这种颜色的染料在当时十分珍贵。实际上，紫色的染料是从不起眼的海螺里提取出来的。除了迦太基城，腓尼基人的其他城市中往往也有制作紫色染料的工场。

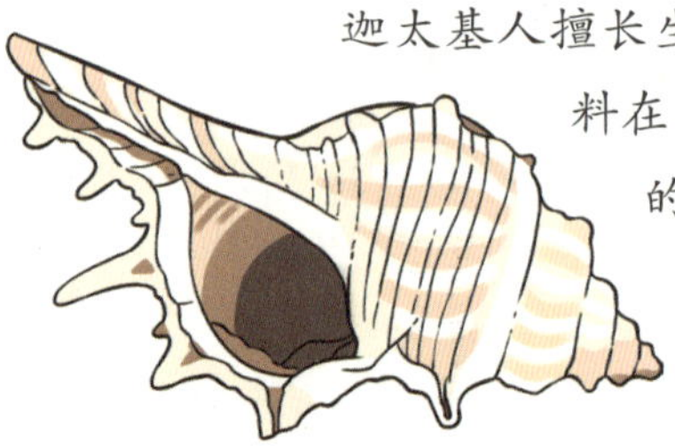

## “战神”汉尼拔

汉尼拔（公元前 247—前 183 年）善于谋略，与亚历山大大帝、凯撒、拿破仑一起被视为欧洲历史上最伟大的四大军事统帅，他被拿破仑奉为“战神”。在第二次布匿战争期间，汉尼拔率领迦太基军队多次以少胜多，重创罗马军队。

## 大象军团

迦太基军队中有一种特殊的“士兵”——战象。在汉尼拔指挥的战役中，大都出现了战象的身影。然而，关于汉尼拔是如何在战役中使用这些战象的，学者之间存在较大的分歧，但不可否认的是，它们光是出现在战场上，就能对敌人产生巨大的威慑。

## “布匿人”是谁？

迦太基人被古罗马人称为“布匿人”。这其实是一种蔑称，在古罗马人眼里，“布匿人”都是阴险狡诈、放纵贪婪的。迦太基与古罗马的三次战争，也被称作“布匿战争”。

◀ 迦太基战舰

## “迦太基必须被毁灭”

第二次布匿战争后，战败的迦太基丢掉了除非洲北部以外的所有属地，古罗马成为西地中海的霸主。公元前 2 世纪，迦太基的经济实力招致古罗马的忌恨，古罗马元老加图曾说：“迦太基必须被毁灭。”

## 消失的迦太基城

公元前 149 年，古罗马军队挑起了第三次布匿战争，围攻迦太基城数年，最终在公元前 146 年破城而入，迦太基城被古罗马人夷为平地，在战争中幸存的居民沦为了奴隶。

## 外国人来帮忙打仗

迦太基的军队多数由雇佣兵组成，这些雇佣兵有的来自地中海岛屿，有的来自偏远部落。“战神”汉尼拔率领的军队就是以雇佣兵为主的，本国士兵只占少数。

# 迦太基城历史大事记

**约公元前 814 年**

来自推罗（今天的黎巴嫩南部）的腓尼基人在北非建立了迦太基城。

**公元前 8—前 6 世纪**

迦太基不断向外扩张，发展成了当时地中海西部的强国。

（刻有迦太基人形象的雕像）

**公元前 3 世纪**

迦太基取得了自公元前 6 世纪就与古希腊争夺地中海西部控制权战争的胜利，成为地中海西部的霸主。

**公元前 264—前 241 年**

第一次布匿战争以迦太基的失败告终。迦太基被迫割让岛屿、支付巨额赔款。

## 迦太基的雇佣兵 ▶

迦太基军队中有很多雇佣兵，他们来自各个地方，有凯尔特人、努米底亚人、卢坎人、萨姆尼特人、利比亚人……其中最著名的是努米底亚人，这些努米底亚骑兵擅长在马上投掷标枪，被称为“非洲最好的骑兵”。

凯尔特人

努米底亚人

**公元前 146 年**

第三次布匿战争结束，迦太基覆灭。

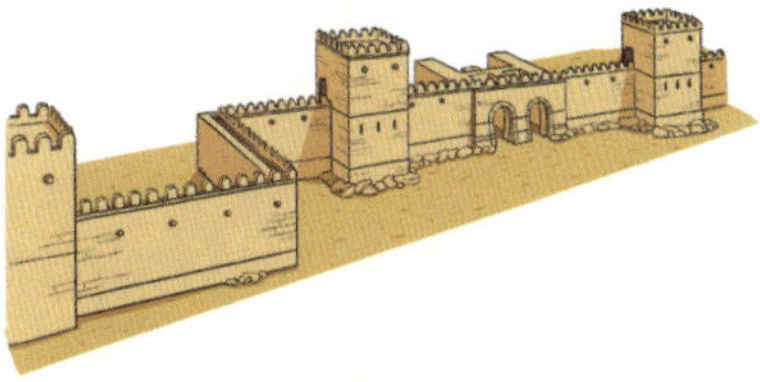

**公元前 218—前 201 年**

第二次布匿战争也以迦太基的失败告终。虽然汉尼拔一度重创古罗马军队，但最终失败。

**公元前 29 年**

古罗马皇帝命人在迦太基城原址上修建一座新的城市，那是属于古罗马的迦太基城。

卢坎人

萨姆尼特人

利比亚人

# 君士坦丁堡

君士坦丁堡的集市中商铺云集，贩售着种类繁多的商品。
集市
君士坦丁广场呈圆形，中心的君士坦丁纪念柱至今仍然挺立着。
马
尔
马
拉
海
君士坦丁堡的城墙由坚固的石头制成。
牛狮宫
君士坦丁堡赛马场
君士坦丁堡赛马场的规模较大，可容纳上万人观赛。
皇帝君士坦丁一世在330年下令迁都于此。君士坦丁堡有着“新罗马”的别称。

金角湾是一处条件极佳的自然港湾，
可供许多来往的船只停泊。
金角湾
罗马帝国皇帝君士坦丁一世在君士坦丁堡
建立了一个独立的元老院。4 世纪时，君
士坦丁堡的元老数量超过 2 000 人。
君士坦丁广场
元老院
圣索菲亚大教堂
加拉达塔
395 年，罗马帝国分裂为东、西罗马帝国，君
士坦丁堡成为东罗马帝国的都城，后人通常将东罗
马帝国称为“拜占庭帝国”。6 世纪时，君士坦丁
堡已经是重要的贸易中心，人口达到约 50 万。

# 圣索菲亚大教堂

圣索菲亚大教堂有着近1 500年的历史，它是拜占庭建筑杰出的代表，因巨大的圆顶而闻名于世。

整座教堂东西长77米，南北宽71米，教堂占地面积约为5 400平方米。教堂的穹顶直径约为31米，最高点约为56米。

**中殿**

教堂中殿的穹顶十分宏伟，高达56米。

拜占庭帝国灭亡后，君士坦丁堡成为奥斯曼土耳其帝国（简称奥斯曼帝国）的首都，改名为伊斯坦布尔。教堂的4座宣礼塔就是奥斯曼帝国时期新建的。

△ 圣索菲亚大教堂剖面图

# 仅用 5 年建成的建筑杰作

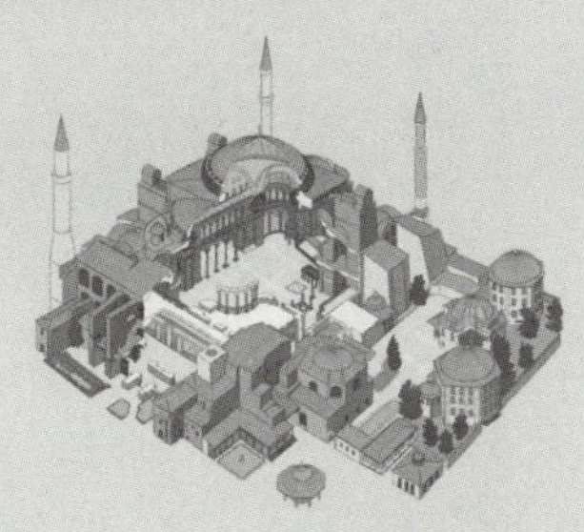

君士坦丁堡现在的名字是伊斯坦布尔，它如今是土耳其的经济、文化中心，也是世界知名的旅游胜地。

这座城市横跨欧、亚洲，是东西方思想文化的一个重要交汇点，城中有许多历史悠久的建筑，例如圣索菲亚大教堂。

圣索菲亚大教堂是君士坦丁堡的地标性建筑，最早是由皇帝君士坦丁一世命人建造的。532 年，教堂遭大火焚毁，皇帝查士丁尼一世着手重建。查士丁尼一世向建筑师提出要求：一定要新建一座全世界独一无二的教堂，以配得上即将到来的黄金时代；花费不是问题，但速度一定要快。于是，建筑师从世界各地运来了珍贵的材料，包括非洲的黄金、欧洲的大理石等，仅用 5 年就将这宏伟的教堂建成，不负皇帝的期望。

# 君士坦丁堡的陷落

13世纪末开始，新崛起的奥斯曼人不断进攻拜占庭帝国。奥斯曼人曾在1395—1402年以及1422年两度围攻君士坦丁堡，均未成功。

1453年，奥斯曼军队开始了君士坦丁堡攻城战。拜占庭帝国的领土已经被奥斯曼人蚕食，君士坦丁堡宛如一座孤岛，苦苦支撑。

奥斯曼人取得君士坦丁堡后，逐渐夺得了地中海东部的海上霸权，阻断了东西方的旧贸易通道。这是西欧开辟新航路的推动因素之一。大航海时代开辟的新航路使得国际商路转移。

1453年4月6日，奥斯曼苏丹穆罕默德二世率领15万人发动对君士坦丁堡的强攻，他们用火炮、攻城锤和投石器猛烈攻击城墙。
由于陆地战没有取得成效，奥斯曼军队转而从水面上发动进攻，以突破城墙的薄弱点。
1453年5月29日凌晨，奥斯曼军队发动总攻，君士坦丁堡最终陷落。
君士坦丁堡的陷落标志着拜占庭帝国的灭亡。此后，君士坦丁堡成为奥斯曼帝国的新首都。

# 拜占庭帝国

## 最尊贵的颜色

在拜占庭帝国，紫色是最为尊贵的颜色。统治者们往往身穿做工精美的紫袍，借此彰显自己的威望与地位。

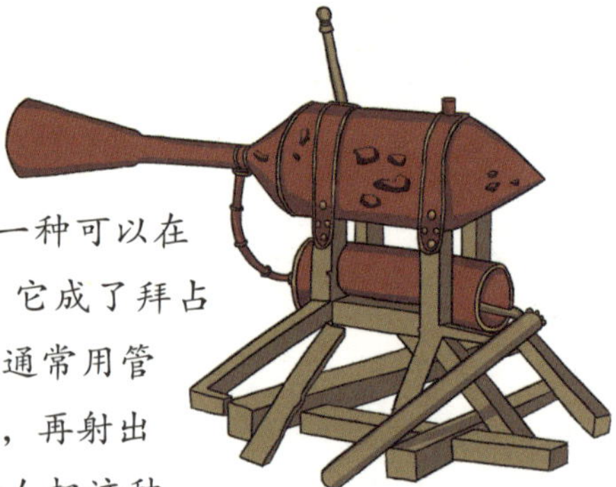

## 秘密武器

672 年，拜占庭帝国发明了一种可以在水面上燃烧的液态燃烧剂，它成了拜占庭军队的海战利器。士兵们通常用管状铜制喷射器将它喷向敌人，再射出带火的弓箭点燃它。阿拉伯人把这种恐怖的武器称为“希腊火”。

## 亲吻胸和脚的奇怪礼节

拜占庭帝国的礼节和宫廷仪式非常复杂，高级官员可以亲吻皇帝的右胸以示尊重，低级官员只能亲吻皇帝的脚，外国使节则需要以跪姿行礼。

▲ 拜占庭帝国的金币

## 疯狂的赛车迷

君士坦丁堡最喧哗的地方恐怕非赛马场莫属，那些精力满满的贵族在赛场边挥洒着唾沫和金钱。他们不仅会把各自最喜爱的驾车手捧成明星，还会因为支持不同的驾车手而产生分歧。

## 拜占庭帝国的女皇帝

拜占庭帝国曾有一位名叫伊琳娜的女皇帝。她是拜占庭帝国历史上第一位拥有统治权的女皇帝。

## 精美的珍宝

在拜占庭人看来，金银珠宝等贵重物品不仅是财富的体现，还具有辟邪驱恶的作用。在拜占庭帝国的教堂、皇宫等建筑中，各种宝物随处可见，家具、首饰盒、餐具甚至图书封面上都可能镶有珠宝。

## “拜占庭的汉尼拔”

610年，希拉克略在推翻篡位者的统治后成了拜占庭的皇帝，开启了希拉克略王朝。由于出色的军事指挥才能，希拉克略被当代学者誉为“拜占庭的汉尼拔”。

## 连接欧洲和亚洲的城市

君士坦丁堡处于欧洲和亚洲的交界处，扼守博斯普鲁斯海峡，控制了黑海和地中海的海陆交通要道，自公元前7世纪建城以来就是世界各地商船汇集的地方。这里是文化和经济交流的中心，也是兵家必争之地，被称为“世界所欲之城”。

## 可以上升的宝座

为了展现皇帝神圣至高的地位，皇帝的座位不仅建在高台之上，还安装了机械装置，能够在人的控制下升高。在会见外国客人时，皇帝的宝座会被抬高到众臣之上，客人必须仰视才能见到皇帝尊容。

## 被管控的丝绸行业

拜占庭帝国的蚕种和养蚕技术是从中国走私而来的。为了垄断丝绸贸易，拜占庭政府设立了丝绸行会，严格控制国内丝绸生产，并严禁商人哄抬丝绸价格。

## 权力很大的宦官阶层

宦官是专制君主制的产物。他们在拜占庭宫廷生活中扮演着重要的角色，皇宫内有掌管皇室衣物、马匹、食品、医药等的宦官。后来，宦官逐渐参与朝政，在9—10世纪时成为拜占庭帝国的重要官员。

# 拜占庭帝国历史大事记

**公元前 658 年**

古希腊人在博斯普鲁斯海峡西岸兴建了一座城市，这座城市被称作“拜占庭”。

**公元 330 年**

罗马帝国皇帝君士坦丁一世迁都于拜占庭。后来这座城市被称为“君士坦丁堡”。

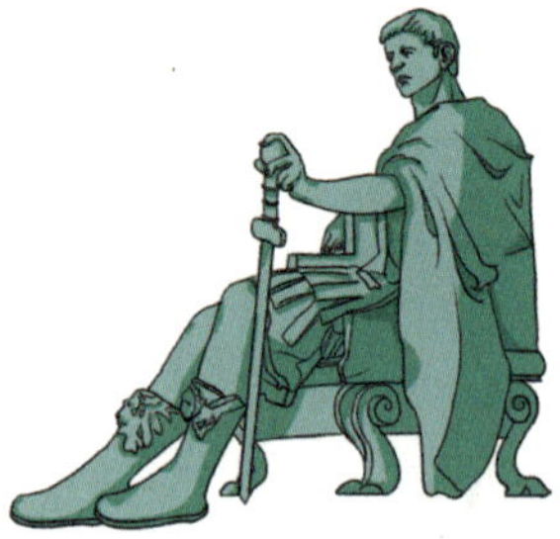

**公元 395 年**

罗马帝国皇帝狄奥多西一世临终前将罗马帝国分给了两个儿子。罗马帝国分裂为东、西罗马帝国。君士坦丁堡为东罗马帝国（拜占庭帝国）的首都。

**公元 476 年**

西罗马帝国灭亡，拜占庭帝国成为罗马帝国的唯一继承者。

（象征拜占庭帝国的双头鹰）

**公元 1204 年**

在威尼斯共和国的鼓动下，由教皇发起的军队入侵并占领了君士坦丁堡，建立了拉丁帝国。

**公元 1261 年**

拜占庭帝国复国，米海尔八世建立了拜占庭帝国的末代王朝。

**公元 1453 年**

君士坦丁堡被奥斯曼帝国攻陷，拜占庭帝国覆灭。君士坦丁堡成了奥斯曼帝国的新首都。

**公元 562 年**

拜占庭帝国和波斯帝国签署和约，暂时停止了为争夺两河流域而进行的战争。

**公元 717 年**

利奥三世即位。不久，阿拉伯人围攻君士坦丁堡。拜占庭军队使用“希腊火”，最终于 718 年打败了阿拉伯人。

**公元 527 年**

查士丁尼一世成为拜占庭帝国的皇帝。他命人编撰出 4 部法典，对后世西方各国法律有重大影响。

（波斯帝国的建筑）

**公元 610 年**

希拉克略开启了希拉克略王朝的统治。在位期间，他收复了被波斯帝国侵占的领土，还曾计划向中国唐朝派遣使者。

（利奥三世）

**公元 1054 年**

教皇国派遣特使前往君士坦丁堡进行谈判，这次谈判以失败告终。

**公元 726—843 年**

“圣像破坏运动”在拜占庭帝国兴起，这本质上是皇权和教会权力的激烈对抗。

**公元 1095 年**

拜占庭帝国的阿历克塞一世向教皇求援，以反击塞尔柱突厥人。在教皇的煽动下，军队于第二年举兵东侵。

**公元 867 年**

巴西尔篡位称王，开启了马其顿王朝的统治。在此后 100 多年里，拜占庭帝国达到了鼎盛时期。

# 唐长安城

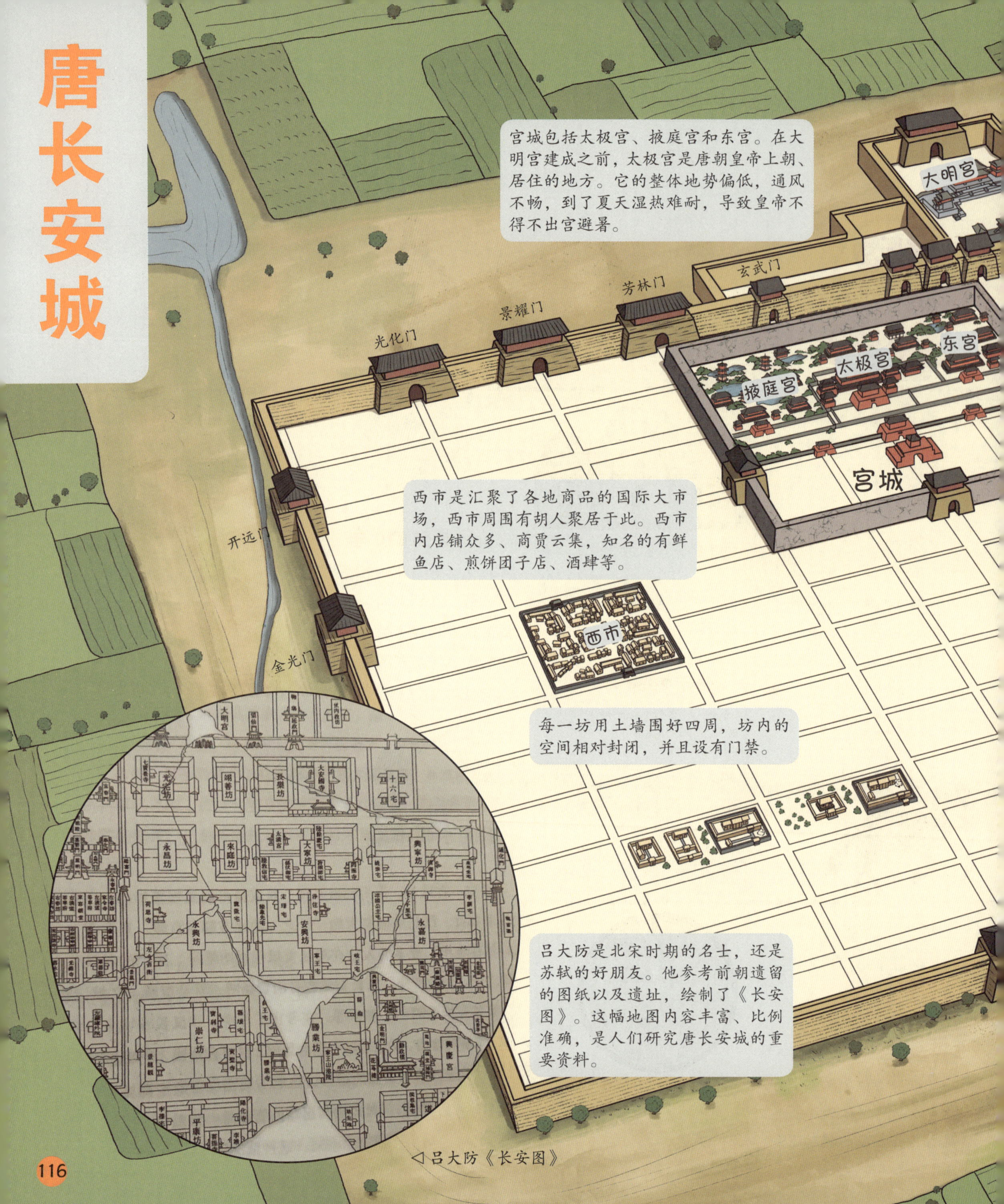


宫城包括太极宫、掖庭宫和东宫。在大明宫建成之前，太极宫是唐朝皇帝上朝、居住的地方。它的整体地势偏低，通风不畅，到了夏天湿热难耐，导致皇帝不得不出宫避暑。

西市是汇聚了各地商品的国际大市场，西市周围有胡人聚居于此。西市内店铺众多、商贾云集，知名的有鲜鱼店、煎饼团子店、酒肆等。

每一坊用土墙围好四周，坊内的空间相对封闭，并且设有门禁。

吕大防是北宋时期的名士，还是苏轼的好朋友。他参考前朝遗留的图纸以及遗址，绘制了《长安图》。这幅地图内容丰富、比例准确，是人们研究唐长安城的重要资料。

◁吕大防《长安图》

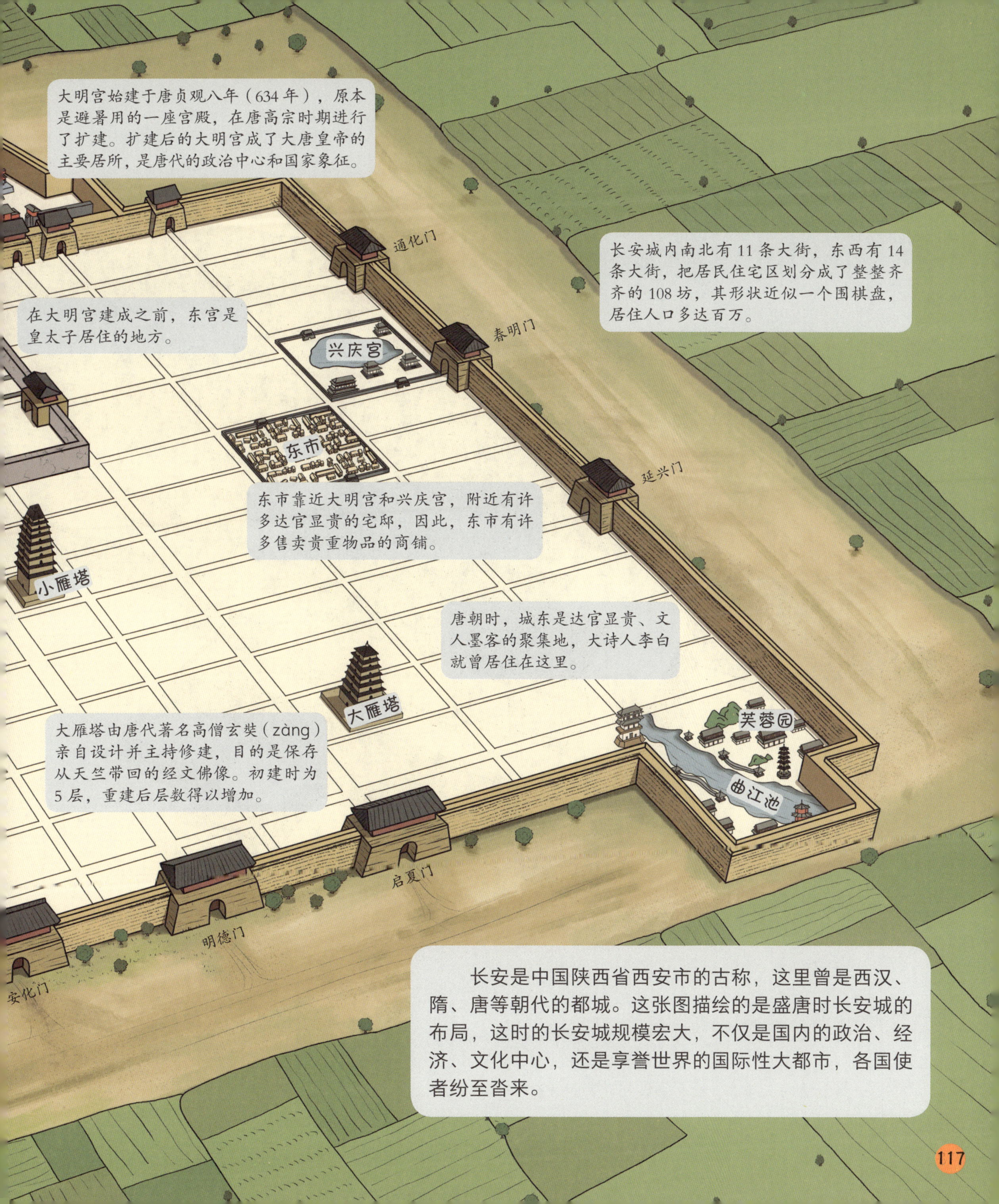


大明宫始建于唐贞观八年（634年），原本是避暑用的一座宫殿，在唐高宗时期进行了扩建。扩建后的大明宫成了大唐皇帝的主要居所，是唐代的政治中心和国家象征。

在大明宫建成之前，东宫是皇太子居住的地方。

长安城内南北有11条大街，东西有14条大街，把居民住宅区划分成了整整齐齐的108坊，其形状近似一个围棋盘，居住人口多达百万。

东市靠近大明宫和兴庆宫，附近有许多达官显贵的宅邸，因此，东市有许多售卖贵重物品的商铺。

唐朝时，城东是达官显贵、文人墨客的聚集地，大诗人李白就曾居住在这里。

大雁塔由唐代著名高僧玄奘（zàng）亲自设计并主持修建，目的是保存从天竺带回的经文佛像。初建时为5层，重建后层数得以增加。

长安是中国陕西省西安市的古称，这里曾是西汉、隋、唐等朝代的都城。这张图描绘的是盛唐时长安城的布局，这时的长安城规模宏大，不仅是国内的政治、经济、文化中心，还是享誉世界的国际性大都市，各国使者纷至沓来。

# 含元殿

含元殿是大明宫的大朝正殿，它是唐长安城的标志性建筑，如今是大明宫国家遗址公园的重要组成部分。

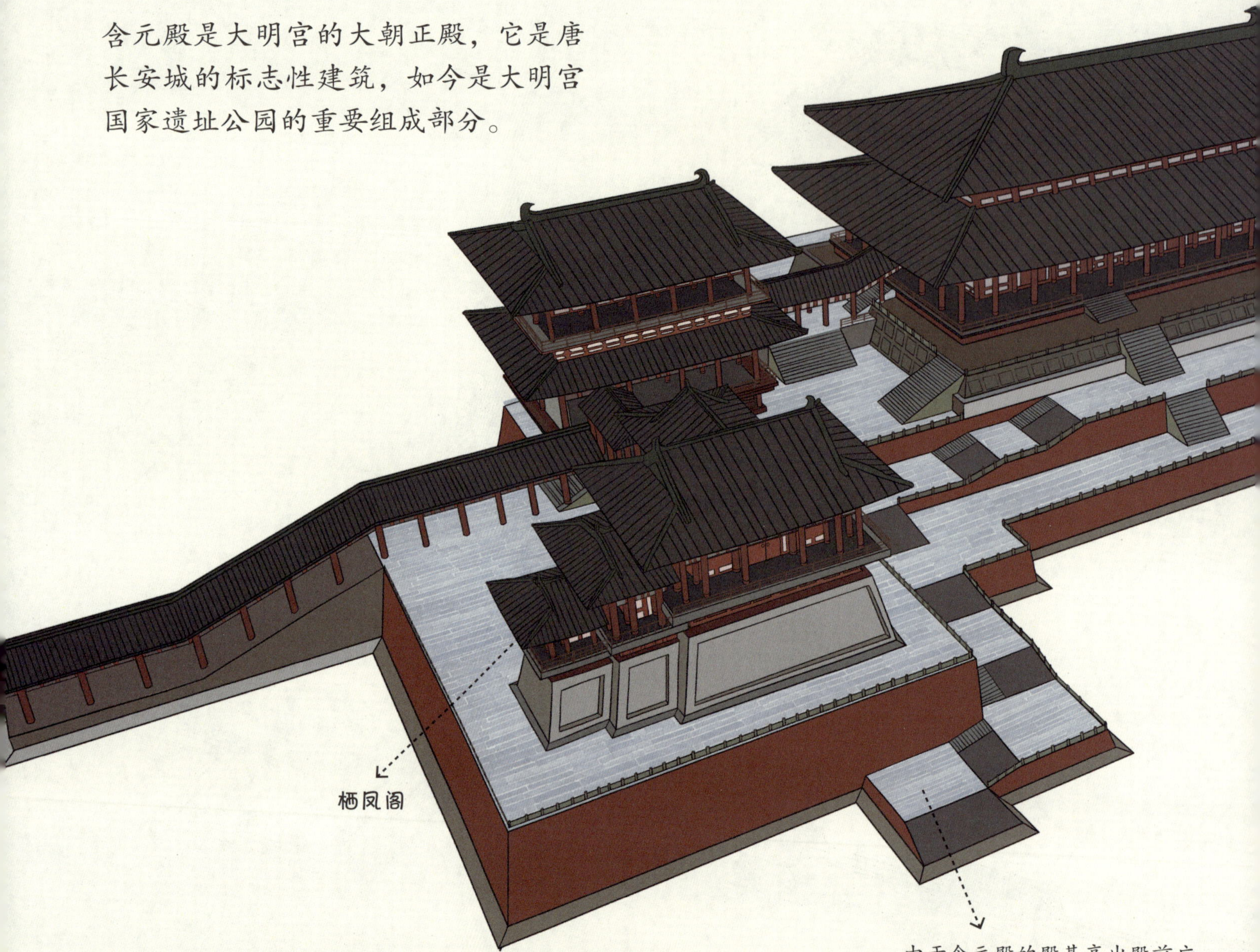


由于含元殿的殿基高出殿前广场10多米，为了百官朝见方便，殿前修建了斜坡砖石阶道，阶道旁设有石质栏杆。

含元殿建成于663年，在之后的200多年间一直被使用。它是举办国家仪式和大典之处，每逢农历正月初一、冬至日，皇帝会在这里举行大朝会。此外，册封、阅兵等活动也在此举行。有时，皇帝还会在这里主持考试。

△ 含元殿俯瞰图

殿前东西两侧建有向外延伸的阁楼，两侧阁楼之间相距 100.5 米。

殿前广场

△ 含元殿遗址出土的莲花纹瓦当

# 为避暑而建的大明宫

617 年，隋朝太原留守李渊起兵，攻占长安城。他于第二年称帝，改国号为唐，并定都长安城，创建了中国历史上国力最强盛的朝代之一。

唐朝最初的皇宫是太极宫，是在隋朝时修建的。作为居住的宫殿，太极宫并不舒适，它位于长安城地势最低的一块洼地上，每逢夏天，多雨炎热的天气就会让太极宫变得潮湿且闷热，于是，唐太宗李世民为太上皇李渊建造了一座夏宫，但不久之后李渊就去世了，工程随即中止。662 年，唐高宗李治难以忍受太极宫的居住环境，重新启动了搁置近 30 年的修建工程，并很快完工。这座夏宫就是大明宫。

大明宫的面积大约是凡尔赛宫的 3 倍、北京故宫的 3.5 倍。含元殿作为大明宫主殿，充分体现了盛唐开阔、辉煌的气派。每逢大朝会，数万人列于殿前广场，文武百官向皇帝拜贺新岁，场面尤为壮观。

# 鹿鸣宴

鹿鸣宴是唐朝地方官员为乡试中举的学子举办的宴会，有践行、勉励之意。

举办鹿鸣宴的时间一般在乡试结束后放榜的第二天。宴会结束后，学子将赴京城参加省试。

桌上摆放着的胡饼在唐朝是大受欢迎的食物。它是自西域传来的食物。

在宴会上会演奏《诗经》中的名篇《鹿鸣》，鹿鸣宴因此得名。诗中描述了小鹿呼唤伙伴一同分享美食的情景。
起于唐代的鹿鸣宴这一传统延续了 1 000 多年，直到科举制度废除才消亡。

## 文学家口中的盛唐

研究唐诗的人将唐朝分为初唐、盛唐、中唐和晚唐四个阶段，他们在介绍唐朝诗人时，通常会指出他是哪一阶段的诗人。盛唐指“开元盛世”到“安史之乱”结束之后这一段时间，一共有50多年，李白就是盛唐诗人的代表。

## 宫廷女子马球队

唐朝人重视骑射，对带有竞技色彩的马球运动更是十分痴迷。在唐朝宫廷中甚至有女子马球队，她们会经常进行比赛。

## 爱骑马的唐朝人

唐朝时，骑马之风盛行。在日常出行时，人们大多会选择骑马。这和唐朝尚武的风气、发达的养马业等有关。

## 娘子军

平阳公主是李渊的第三个女儿，她所统率的军队纪律严明，得到了当地百姓的拥护。百姓将平阳公主称为“李娘子”，将她的军队称为“娘子军”。

## 宵禁制度

唐朝官府严格限制夜间活动，每到黄昏就会有人在街上击鼓，提醒行人赶紧回家。除了坊内的活动是不加限制的，其他活动都会被严格管理。凡是在“闭门鼓”敲完后仍在大街上闲逛的人，都要接受严厉的惩罚。

## 多才多艺的唐玄宗

唐玄宗李隆基能文能武，擅长骑射和书法，精通音律。有一种说法是，著名的《霓裳羽衣舞》的曲调，就是唐玄宗根据天竺乐曲改编而成的。

## “诗仙”李白

李白是唐朝最伟大的浪漫主义诗人，被后人誉为“诗仙”，与杜甫并称“李杜”。李白流传至今的诗歌作品约有1 000首。李白嗜酒如命，他写出了不少和酒相关的名句。

## 战时打仗，农时种田

唐朝的府兵平时就是种地的农民，闲暇之时，官府会派人对他们进行军事训练。战时，这些农民就要放下锄头，参军打仗。不过，府兵制后来被募兵制取代。

▲ 三彩载乐骆驼俑

## 酷爱香的唐朝人

唐朝的香文化发展到了一定高度。不管是王公贵族还是普通百姓都喜欢香。人们会佩戴香囊，用香料做菜、熏衣服和被子。文人雅士还会“斗香”，在香会上品香、玩香、切磋和香技艺。

## 以胖为美？

人们常说唐代女性以胖为美，但有学者认为，这种说法过于笼统。唐代画作中的丰腴仕女形象，主要集中在武则天在位至唐玄宗在位的这一短暂时期，在更长的时间段里，唐代画作中的女性仍以身材修长纤细的形象为主。

## 寄存钱财不用愁

随着商业的发展，唐朝出现了专供客商寄存钱财的机构——柜坊。携带大量财物既累又不安全，所以商人会预先将其存放在柜坊，进行买卖时再来柜坊取用。

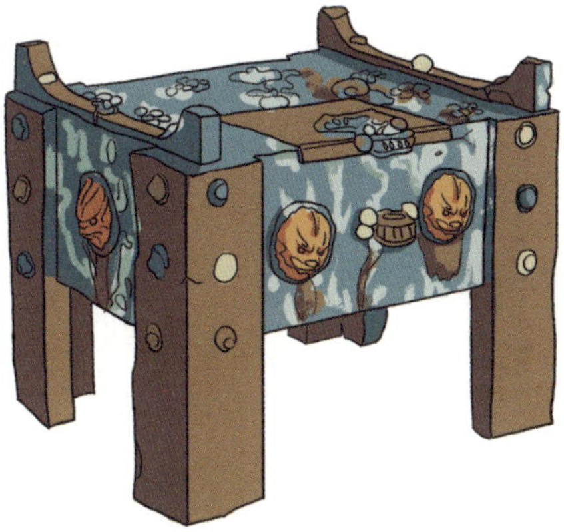

## 国际化大都市

长安城是当时世界上首屈一指的大城市，由于唐朝文化高度繁荣，国力强盛，很多外国人愿意来到这里学习、做生意，甚至在此定居。

# 唐朝历史大事记

**公元 618 年**

李渊建立唐朝，后人称其为“唐高祖”。

**公元 626 年**

李渊次子李世民发动玄武门之变。当年 8 月，李渊传位给李世民，自己退位为太上皇。

**公元 690—705 年**

女皇武则天统治期间，将国号由唐改为周。她退位后，国号恢复为唐。

**公元 713—741 年**

到唐玄宗开元年间，政治清明，经济空前繁荣，唐朝进入全盛时期。当时社会风气比较开放，充满活力。

（唐朝的马球运动）

## 唐三彩 ▶

唐三彩是盛行于唐代的一种低温釉陶器，色泽艳丽，造型生动。它们的颜色以黄、褐、绿三色为主，世人通常称其为“唐三彩”。

唐三彩在当时主要是作为陪葬品，只有小部分是作为生活用具。

三彩骆驼俑

三彩马

（唐玄宗与杨贵妃）

## 公元 755 年

唐玄宗统治后期，唐朝由盛转衰。“安史之乱”于这一年爆发。数年后，“安史之乱”虽被平定，但形成了藩镇割据的局面。

## 公元 805 年

唐宪宗李纯即位。他是唐朝后期较有作为的皇帝，暂时解决了藩镇割据的问题。

## 公元 875—884 年

875 年，唐末农民起义爆发。881 年，黄巢起义军攻占长安城。884 年，起义被镇压，历时 9 年多的农民起义结束。

## 公元 907 年

朱温逼迫唐哀帝李柷（chù）退位，改国号为梁，唐朝灭亡。至此，中国进入五代十国时期。

三彩女立俑

三彩坦胸胡俑

三彩堆塑陶罐

三彩盖罐

# 吴哥城

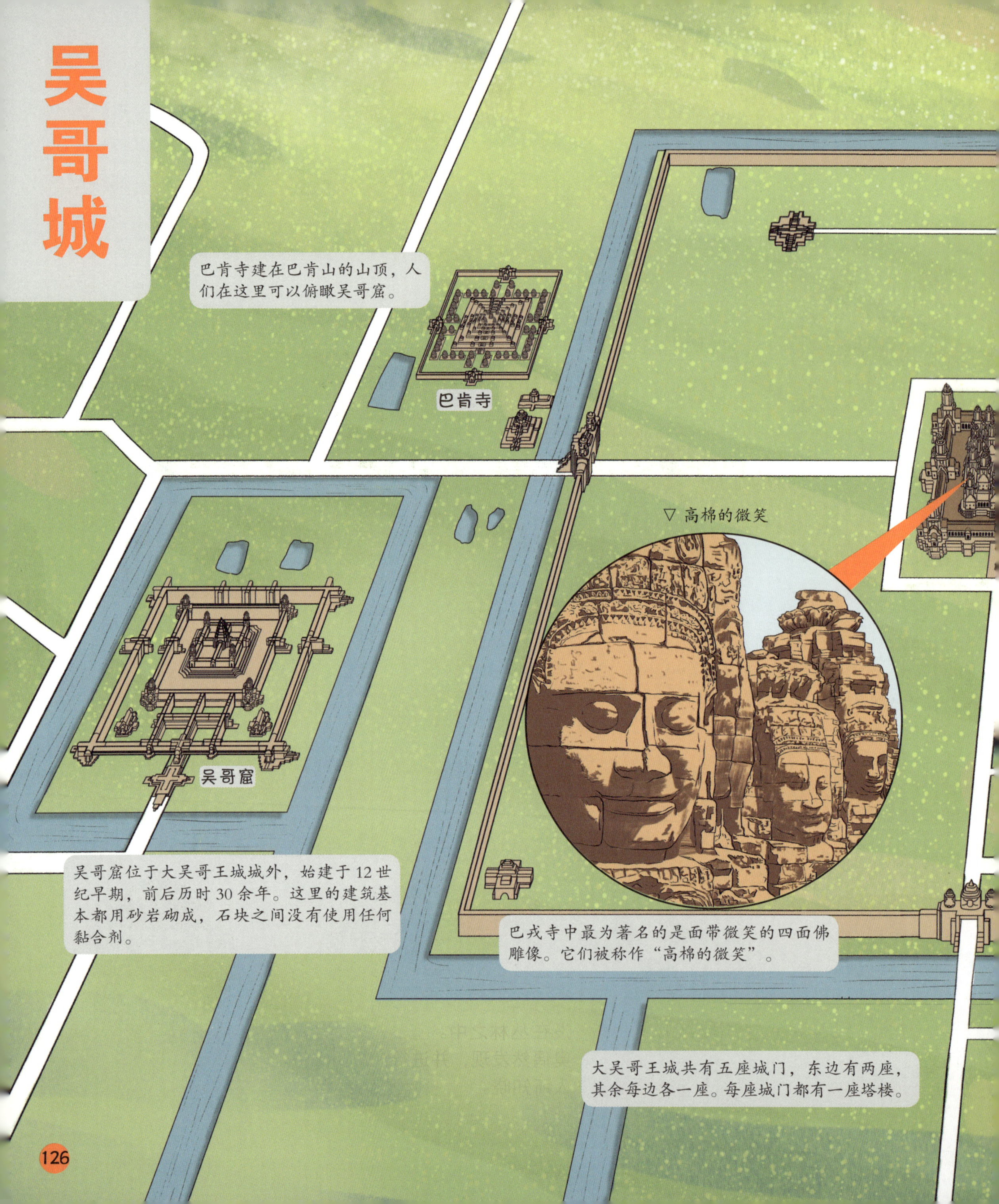


巴肯寺建在巴肯山的山顶，人们在这里可以俯瞰吴哥窟。

吴哥窟位于大吴哥王城城外，始建于12世纪早期，前后历时30余年。这里的建筑基本都用砂岩砌成，石块之间没有使用任何黏合剂。

巴戎寺中最为著名的是面带微笑的四面佛雕像。它们被称作“高棉的微笑”。

大吴哥王城共有五座城门，东边有两座，其余每边各一座。每座城门都有一座塔楼。

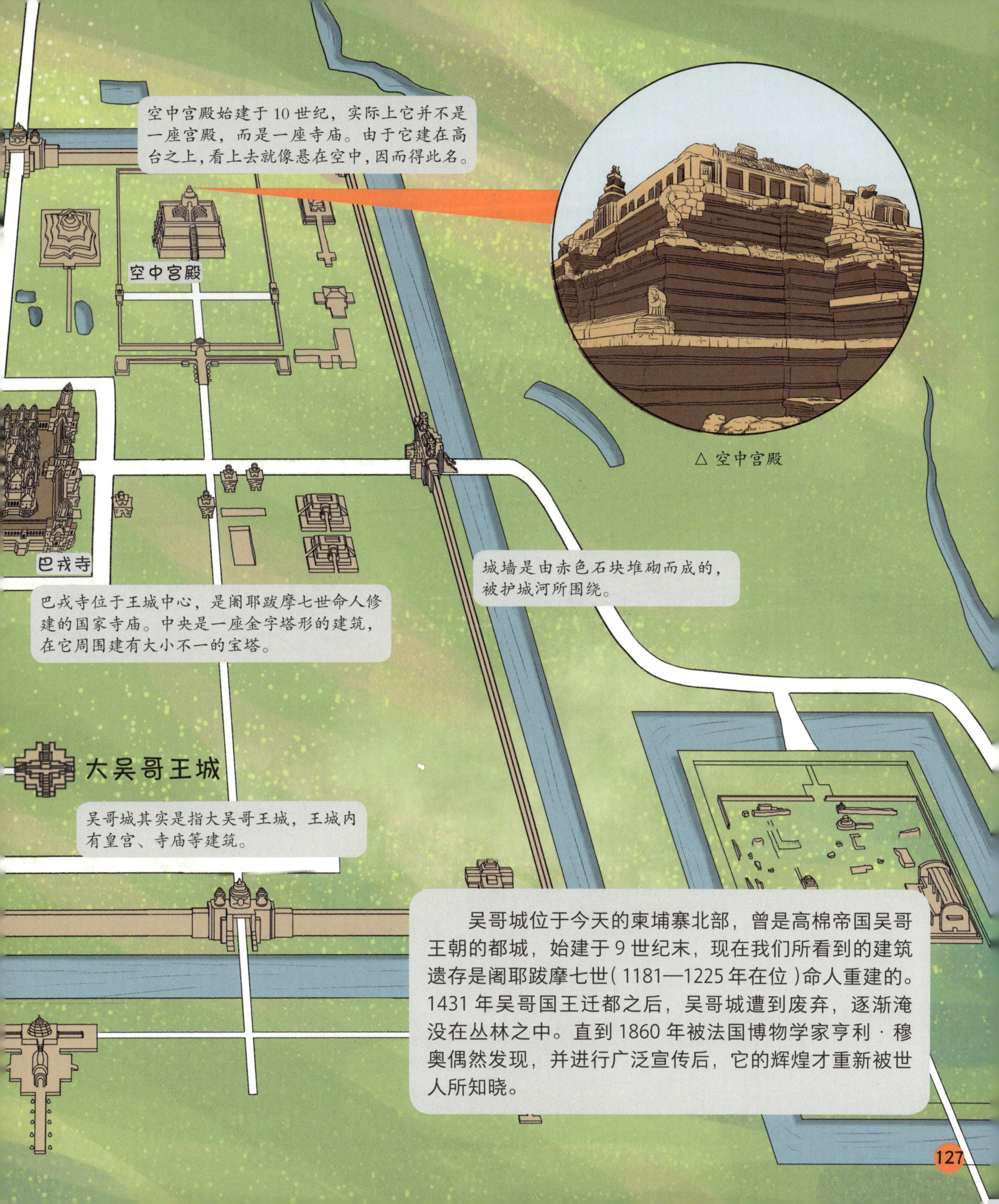


空中宫殿始建于10世纪，实际上它并不是一座宫殿，而是一座寺庙。由于它建在高台之上，看上去就像悬在空中，因而得此名。

△ 空中宫殿

巴戎寺位于王城中心，是阇耶跋摩七世命人修建的国家寺庙。中央是一座金字塔形的建筑，在它周围建有大小不一的宝塔。

城墙是由赤色石块堆砌而成的，被护城河所围绕。

## 大吴哥王城

吴哥城其实是指大吴哥王城，王城内有皇宫、寺庙等建筑。

吴哥城位于今天的柬埔寨北部，曾是高棉帝国吴哥王朝的都城，始建于9世纪末，现在我们所看到的建筑遗存是阇耶跋摩七世（1181—1225年在位）命人重建的。1431年吴哥国王迁都之后，吴哥城遭到废弃，逐渐淹没在丛林之中。直到1860年被法国博物学家亨利·穆奥偶然发现，并进行广泛宣传后，它的辉煌才重新被世人所知晓。

# 吴哥窟

吴哥窟又被称为“吴哥寺”或“小吴哥”，它是古代高棉人的杰作，被誉为“东方古代建筑和石刻浮雕的杰出代表”。

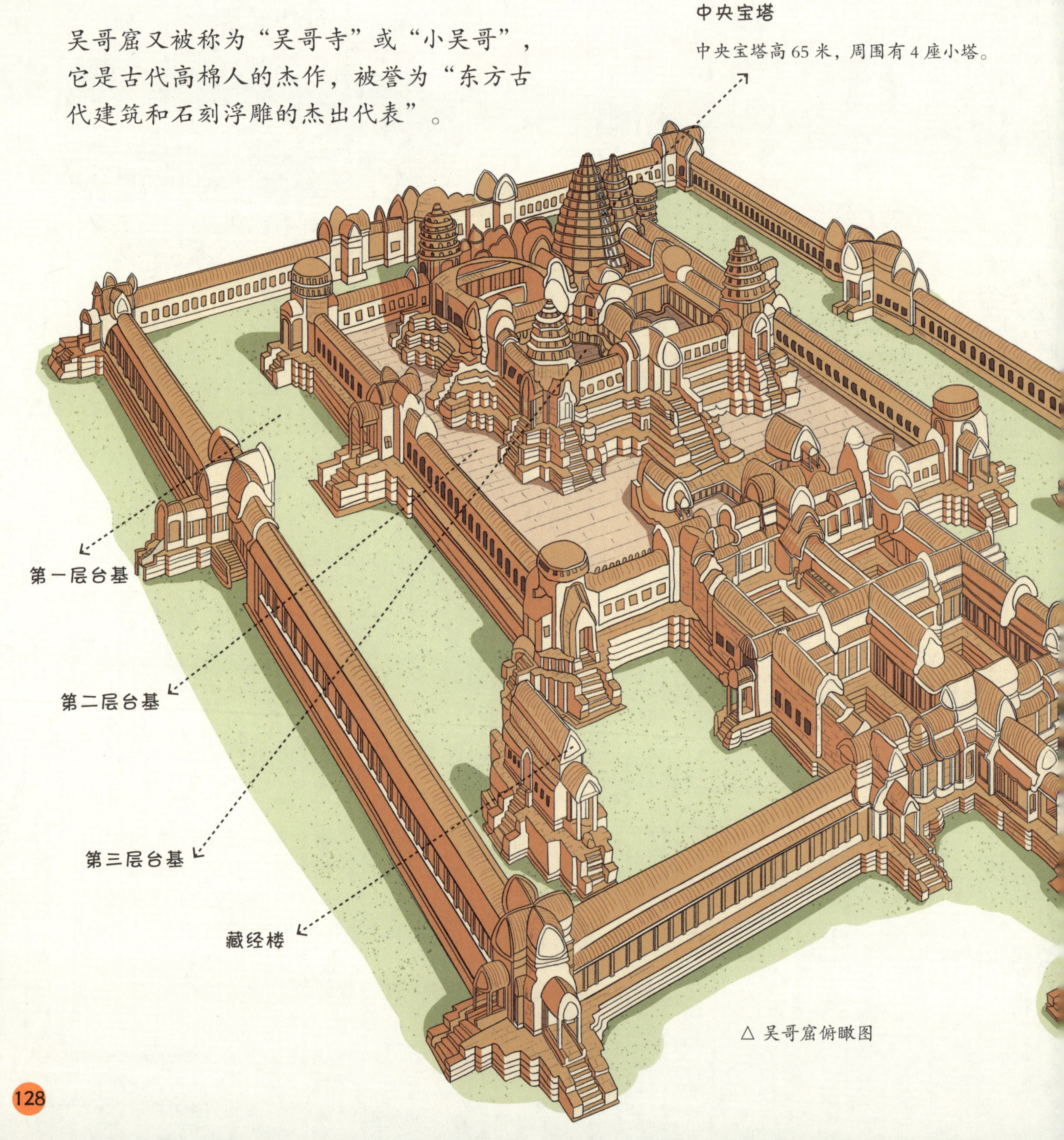


△ 吴哥窟俯瞰图

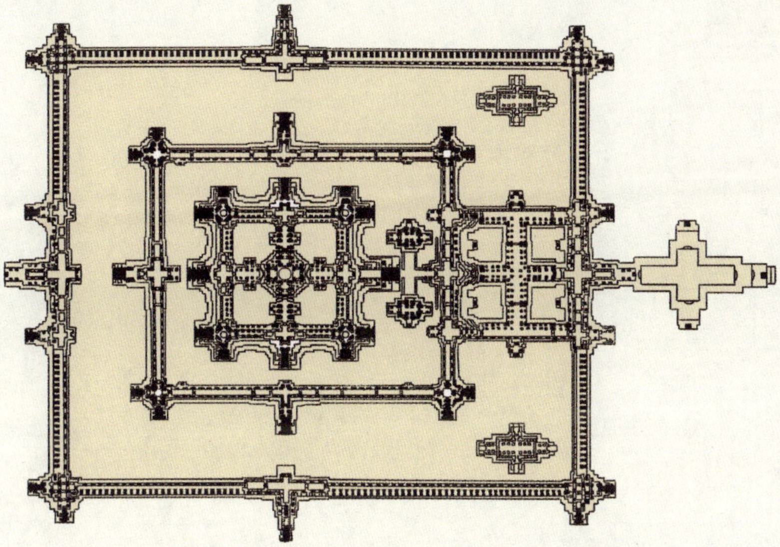

△ 吴哥窟平面图

## 丛林中的奇迹

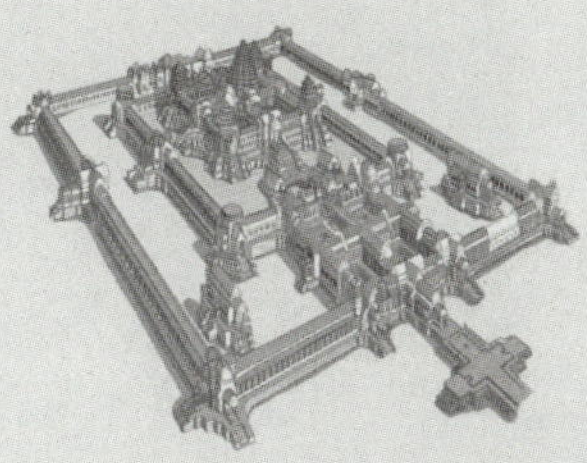

吴哥古迹一共有400多处，其中以大吴哥王城、吴哥窟等最为人所知。吴哥窟位于大吴哥王城南郊，是吴哥古迹中保存最为完整的庙宇。

吴哥窟建筑宏伟，浮雕精致。主殿建在3层有回廊环绕的平台之上，层层高叠，看起来有点像金字塔。回廊上有精致的浮雕，堪称高棉艺术的杰作。

中国元代航海家汪大渊在1330—1339年间曾到吴哥地区游历，他称吴哥窟有“裹金石桥四十余丈”，十分华丽。但在15世纪，吴哥窟被高棉人遗弃，逐渐被丛林掩盖。

现在，吴哥窟的五塔造型已成为柬埔寨的象征，并被展现在柬埔寨的国旗上。

# 集市生活

13世纪末，元朝人周达观作为翻译随使团来访，并将自己的见闻写成书。据他所述，这里四季炎热如夏，没有霜雪，半年雨季，半年旱季，一年之中可以种三四茬水稻。

人们做小买卖时，可以用稻米或者从中国来的货物进行交换；做较大一点的买卖时，可以用布匹进行交换；进行大宗交易时，可能会使用金银。

这里的牛很多，但只用来驾车，不用来耕田。

商贩售卖的蔬菜包括黄瓜、苋菜、葱等。

吴哥城每天都会开放集市，集市的开放时间从清晨开始，到中午结束。
官员可能会向集市中摆摊的商贩收取摊位租金。
吴哥城的集市上没有专门的店铺，很多商贩会将席子铺在地上来摆放货物。

## 爱洗澡的吴哥人

由于天气炎热，当地人每天要洗几次澡，即使到了晚上，也会洗浴一两次。普通人家中往往都会有一个水塘。

## “高棉的微笑”

在巴戎寺中，有49座巨大的四面佛雕像，而且它们都面带笑容。据说这些雕像是按照国王阇耶跋摩七世的面容建造的。

## 吴哥窟是怎么被发现的?

19世纪中叶，法国博物学家亨利·穆奥在柬埔寨原始森林中寻找热带动植物，却在这一过程中意外发现了吴哥窟。他被这宏伟的遗迹震撼，画了许多素描画，它们被收录在了《暹罗柬埔寨老挝诸王国旅行记》一书当中。这本书在出版后大受欢迎，让吴哥窟回到了众人的视野当中。

## 丰富的日常活动

巴戎寺的墙壁上至今仍留存很多反映人们日常生活的浮雕，描绘了斗鸡、斗猪、下棋等活动，这些浮雕是研究当时人民生活的宝贵史料。

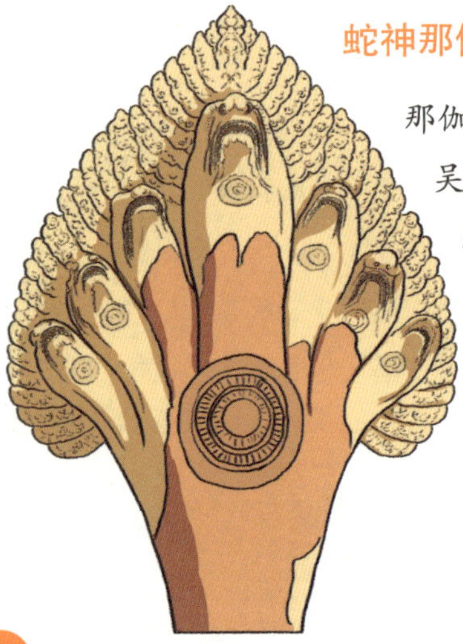

## 蛇神那伽

那伽是古印度神话中的蛇神，在吴哥城，神庙入口一般都会有那伽的雕像，人们期望能借此获得蛇神的保护。

## 重视水利工程

我们如果俯瞰吴哥城所在的地方，就可以看到纵横交错的沟渠。它们将大大小小的人工湖和天然湖泊连在一起，形成了一个旱涝保收的灌溉系统。

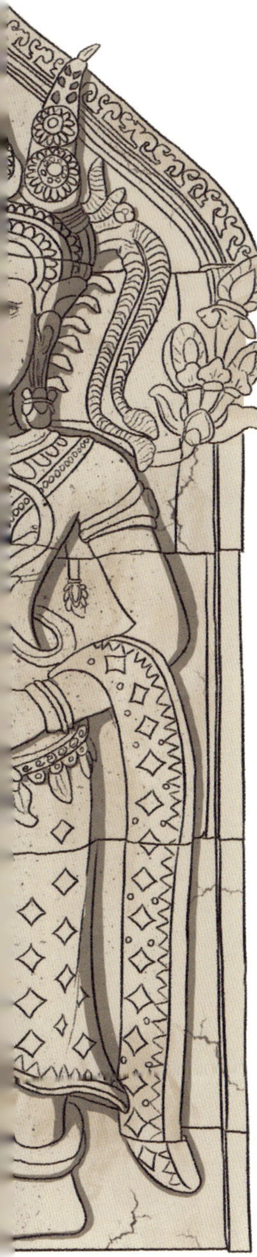

◀ 吴哥窟墙上的仙女浮雕

## 送水节

送水节是柬埔寨重要的传统节日，一般在每年10—11月举行，标志着一年中雨季的结束和捕鱼季节的来临。人们在过节期间会举行龙舟赛，据说这是为了纪念12世纪时国王阇耶跋摩七世率领吴哥海军打败了占婆军队。

## 仙女的舞蹈

吴哥窟中有许多表现仙女起舞的浮雕，那些仙女姿态优雅、体态婀娜，据说这些造型是仿效当时宫廷舞者的舞姿雕刻而成的。可惜，这样的舞蹈现在已经失传了。

## 建造吴哥窟的功臣

古时候的柬埔寨生活着许多大象。吴哥国王命人修建吴哥窟时，没有现代科技与运输工具，除在雨季用船运送石材以外，通常都用大象来搬运建筑材料。温顺的大象为吴哥窟的建造立下了汗马功劳。

## 用“粉笔”书写

吴哥人会把一种白色的粉末搓成叫作“梭”的小条子，用这种像粉笔一样的小条子在染黑的鹿皮上书写，从而制成文书或官府的布告。

## 花布衣服不能随意穿

在吴哥王朝，国王可以戴金冠，穿用花布制作的衣服，王公大臣们可以穿花色不太密的衣服，而普通百姓是不能随意穿花布衣服的。

# 吴哥王朝历史大事记

**公元 802 年**

阇耶跋摩二世驱逐爪哇势力，完成了国家统一，开始了吴哥王朝的统治。

（吴哥城中的雕像）

**公元 890 年**

耶输跋摩一世建造新都耶输陀罗补罗，即吴哥城。

（吴哥窟的神兽雕像）

**公元 1113—1150 年**

苏利耶跋摩二世在位期间，国家实力变强。他还下令修建了吴哥窟。

**公元 1177 年**

占婆军队入侵，攻破吴哥城。

## 挖掘历史的细节 ▶

吴哥窟精美的浮雕不只是让人欣赏的艺术品，也是人们研究吴哥王朝历史的材料。比如，浮雕上刻的不穿盔甲、手拿盾和矛的战士，可以带我们认识当时的军事装备；浮雕上刻的舞女、斗鸡场景等内容，则可以帮助我们了解当地居民的生活。值得一提的是，浮雕上还刻有梳着发髻、形似中国人的人物形象，他们可能是定居在这里的中国人。

（阇耶跋摩七世的雕像）

**公元 1296 年**

元朝的周达观随使团出访吴哥地区。

**公元 1181—1225 年**

阇耶跋摩七世在位期间，击败占婆军队，国家实力达到鼎盛时期。大吴哥王城就是在此期间重建的。

**公元 1431 年**

暹罗军队入侵并占领吴哥城，吴哥国王弃城迁都，吴哥王朝宣告结束。

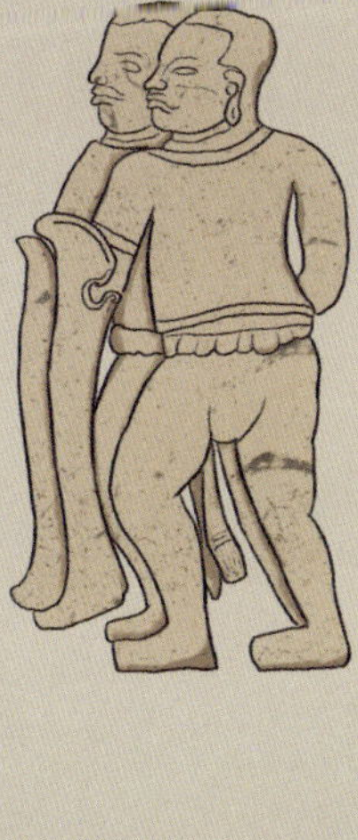

# 威尼斯

黄金宫始建于1440年，是一座哥特式建筑。

里亚托桥最初是一座木桥，后来改建为白色的大理石桥，它是威尼斯最著名的桥，莎士比亚在《威尼斯商人》中就提及过这座桥。

圣马可钟楼的下半部分由砖块构成，上半部分是拱形钟楼，最上方则是一个尖塔。钟楼内一共放置了5座钟。

圣马可广场是威尼斯的公共活动中心，广场及其周边建筑构成了威尼斯的核心地带。

威尼斯是一座“百岛之城”，在这里，船是人们最常用的交通工具。

总督府是威尼斯共和国的政府机构，如今已作为博物馆开放。

叹息桥位于总督府侧面，建于1603年。桥的另一端连接的是监狱，据说狱中囚犯被押赴刑场经过这里时常常发出叹息，这座桥因此得名。

这座教堂由文艺复兴时期的知名建筑师帕拉第奥设计。著名的圆厅别墅也是他的设计作品。

威尼斯建于5世纪，10世纪末时已发展为富庶的商业国。14—15世纪，文艺复兴运动促进了城市经济的发展，威尼斯成为当时地中海地区繁华的贸易中心，拥有数千艘商船，城市人口达到20万。威尼斯城内的建筑分布在118个小岛上，它们通过水道和几百座桥梁连接在一起，整座城市充满了水上风情和浪漫气息。

# 总督府

威尼斯的总督府坐落在圣马可广场上，它是威尼斯共和国的最高权力机构所在地。

总督府一层是有尖拱立柱装饰的门廊，二层是有四叶花图案装饰的长廊。当时，大量阿拉伯人定居威尼斯，总督府立面的席纹图案明显受到了阿拉伯建筑的影响。

## 财富的象征

687 年，威尼斯居民选举出了第一任总督，威尼斯共和国自此成立。

810 年，当时的威尼斯总督想要建造一座新的总督府，地址就选在了如今这座总督府所在的位置。然而，最初建造的那座府邸被大火烧毁了。后来，在 12 世纪，又有总督在此建造总督府，不过那座建筑也没有留存下来。现在人们看到的总督府是在 14 世纪才初步建成的。

富丽堂皇的总督府是当时的威尼斯财富与权势的直接体现，它也见证了威尼斯共和国从繁荣走向衰落。现在，总督府已作为博物馆对游客开放。

总督府具有多种功能。里面有总督的住处，有政府办公场所，有收藏珍品的厅堂，甚至还有歌剧院和监狱。后来，由于总督府中的监狱不够用，又在旁边新建了一座监狱。

**叹息桥**

叹息桥是一座封闭式的大理石拱桥，外观属于典型的巴洛克风格，桥身有着细致的雕饰和优美的线条。

◁ 总督府俯瞰图

# 威尼斯的街道

14—15 世纪，威尼斯是亚得里亚海的重要港口，是当时东西方贸易的枢纽。威尼斯商人因此获得了许多贸易机会。

当时，威尼斯的手工业十分发达，威尼斯人能够制造精美的玻璃制品、纺织品、金银器等。这些手工制品跟着商人被销往世界各地。

15世纪末，随着哥伦布发现美洲大陆，新航路开通，欧洲商业中心逐渐移到大西洋沿岸，威尼斯逐渐衰落。

威尼斯最开始是一个小渔村，由于地理位置优越，适合从事海上贸易，后来成了东西方商品交换的中心。威尼斯人会将来自东方的胡椒、丁香、宝石、丝织品等运往西欧，高价卖出。
威尼斯有一种小船叫贡多拉，其船底扁平，可以在城中的运河里航行。威尼斯城中没有马车，船是这里唯一的交通工具。
在威尼斯，桥不仅是连接岛与岛的工具，还是人们日常交流、休憩、做买卖的地方。
威尼斯的堤岸边设置了许多由粗壮木桩组成的栅栏，可以减轻海浪对堤岸的冲击。

# 威尼斯共和国

## “黄金簿”上的人才有选举权

大议会设立于 1172 年，是威尼斯共和国最高的立法机构。1297 年，选举大议会议员的权利受到限制，只有被列入“黄金簿”的少数贵族和富商才有选举权。

## “上面是石头，下面是森林”

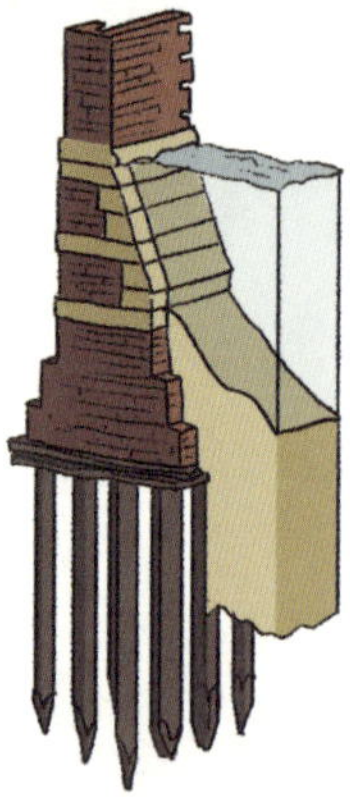

威尼斯人在建城时，在森林里砍了很多木头。他们将木头底部削尖，做成 2~5 米长的木桩，把它们打入水底的泥土，在上面铺上木板，垒上不易被海水侵蚀的石头，灌上水泥，房子的地基就建好了。

## 马可·波罗

1254 年，马可·波罗出生在威尼斯一个富裕的商人家庭，他在中国居住了约 17 年，代表作品是《马可·波罗游记》。作品中记述了他在中国的所见所闻，激起了欧洲人对东方的热烈向往，也对未来新航路的开辟产生了巨大的影响。

## “兵工厂之子”

为了保护日益增长的海上贸易，威尼斯在 1436 年建立了政府的造船厂，即兵工厂。为兵工厂工作的人被称为“兵工厂之子”，他们在厂区附近有固定的聚居区，集体上下班。如果对工资不满意，“兵工厂之子”就会联合起来抗议，总督和城邦要员通常会选择息事宁人。

## 贡多拉

贡多拉是一种独具特色的威尼斯轻舟，已经有 1 000 多年的历史了。据统计，在 16 世纪，整个威尼斯有 10 000 多艘贡多拉，几乎每家都有 1 艘。

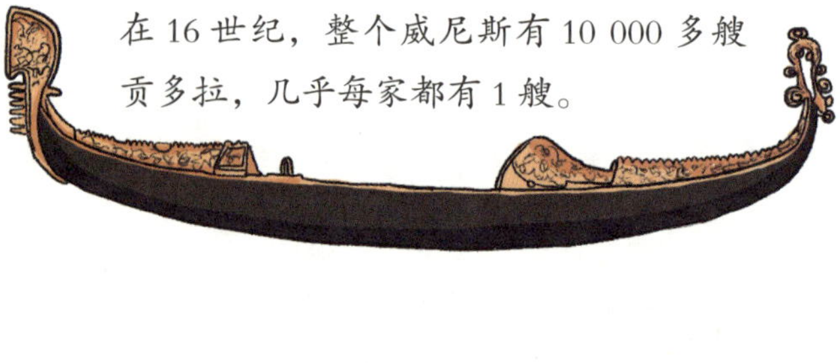

## 威尼斯面具

威尼斯是极少数将面具融入日常生活的城市，它的面具文化极具特色。18 世纪左右，威尼斯的面具文化达到鼎盛，在法律的支持下，居民可以在一年的大部分时间里佩戴面具工作、生活，披斗篷、戴面具的打扮在当时非常流行。

## 圣马可大教堂

圣马可大教堂位于圣马可广场，它曾是中世纪欧洲最著名的教堂之一，是威尼斯建筑艺术的经典之作，与此同时，它也是一座拥有着丰富艺术品的宝库。

## 威尼斯与东方的贸易

威尼斯商人积极开拓贸易路线，他们与阿拉伯、波斯以及印度的商人们进行贸易，得到了许多来自东方的商品，包括香料、丝绸、宝石等。

▲ 威尼斯的象征——圣马可飞狮

## “欧洲最美的客厅”

圣马可广场又被称作“威尼斯的中心广场”，许多重要的节庆活动都会在这里举行。拿破仑在进入威尼斯后，曾赞叹圣马可广场是“欧洲最美的客厅”和“世界上最美的广场”。

## 与大海举办婚礼

每年的海亲节，威尼斯人都会举行一场与大海的婚礼。在仪式中，威尼斯总督会身穿华服，乘坐金船起航，最后会将一枚金戒指扔到大海中，象征着与大海结成亲密的关系。这一传统节日至今仍然存在。

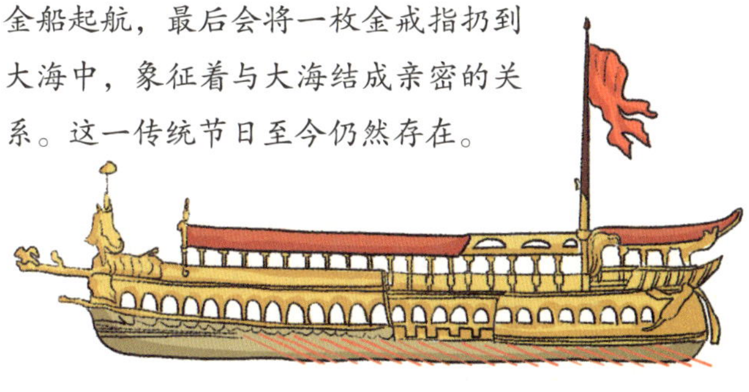

## 最有争议的总督

恩里科·丹多洛是威尼斯共和国史上最有争议的总督。在他的策划下，由教皇发起的侵略军改变了原来的进攻路线，转而进攻拜占庭帝国，并夺得了拜占庭帝国的部分领土，为威尼斯争取了许多利益，使其成为地中海地区的商业强国。有人认为恩里科·丹多洛是睿智的政治家，也有人说他是无耻奸贼。

# 威尼斯历史大事记

### 公元 687 年

威尼斯人选出了第一任总督，建立了威尼斯共和国。

### 公元 810 年

威尼斯共和国名义上仍属于拜占庭帝国，但实际上已获得了自治。

### 公元 1082 年

威尼斯共和国协助拜占庭帝国击退了诺曼人的进攻，获准在拜占庭帝国境内建立商站，免税行商。

### 公元 1204 年

君士坦丁堡陷落。威尼斯共和国瓜分了拜占庭帝国的许多土地，建立了一条从威尼斯一直绵延到黑海的沿岸港口链。

## 威尼斯面具 ▶

威尼斯的面具文化拥有悠久的历史，可以追溯到 12 世纪初。当时，为了庆祝战争的胜利，人们戴着装饰华丽的面具在街头狂欢。威尼斯的面具通常用纸、布、玻璃、陶瓷等制成，有着造型各异、华丽精致的特点。

（威尼斯共和国的金币）

## 公元 1298—1382 年

威尼斯共和国与热那亚共和国连续进行四次海战，最终击败这一贸易竞争对手，成为地中海和黑海地区的强国。

## 公元 1453 年

奥斯曼帝国攻占君士坦丁堡后，与威尼斯共和国进行了长达约 200 年的海战，这削弱了威尼斯共和国的国力。

## 公元 1797 年

威尼斯共和国被拿破仑灭掉，拿破仑将威尼斯割让给奥地利。

## 公元 1866 年之后

威尼斯于 1866 年并入意大利王国。现在的威尼斯是意大利共和国的一座著名城市。

（意大利共和国国旗）

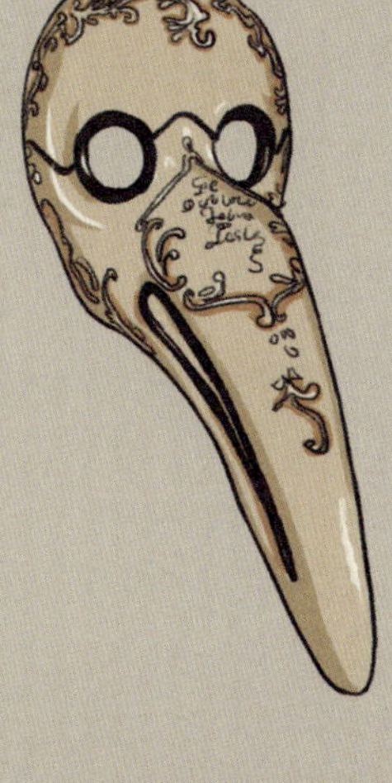

# 佛罗伦萨

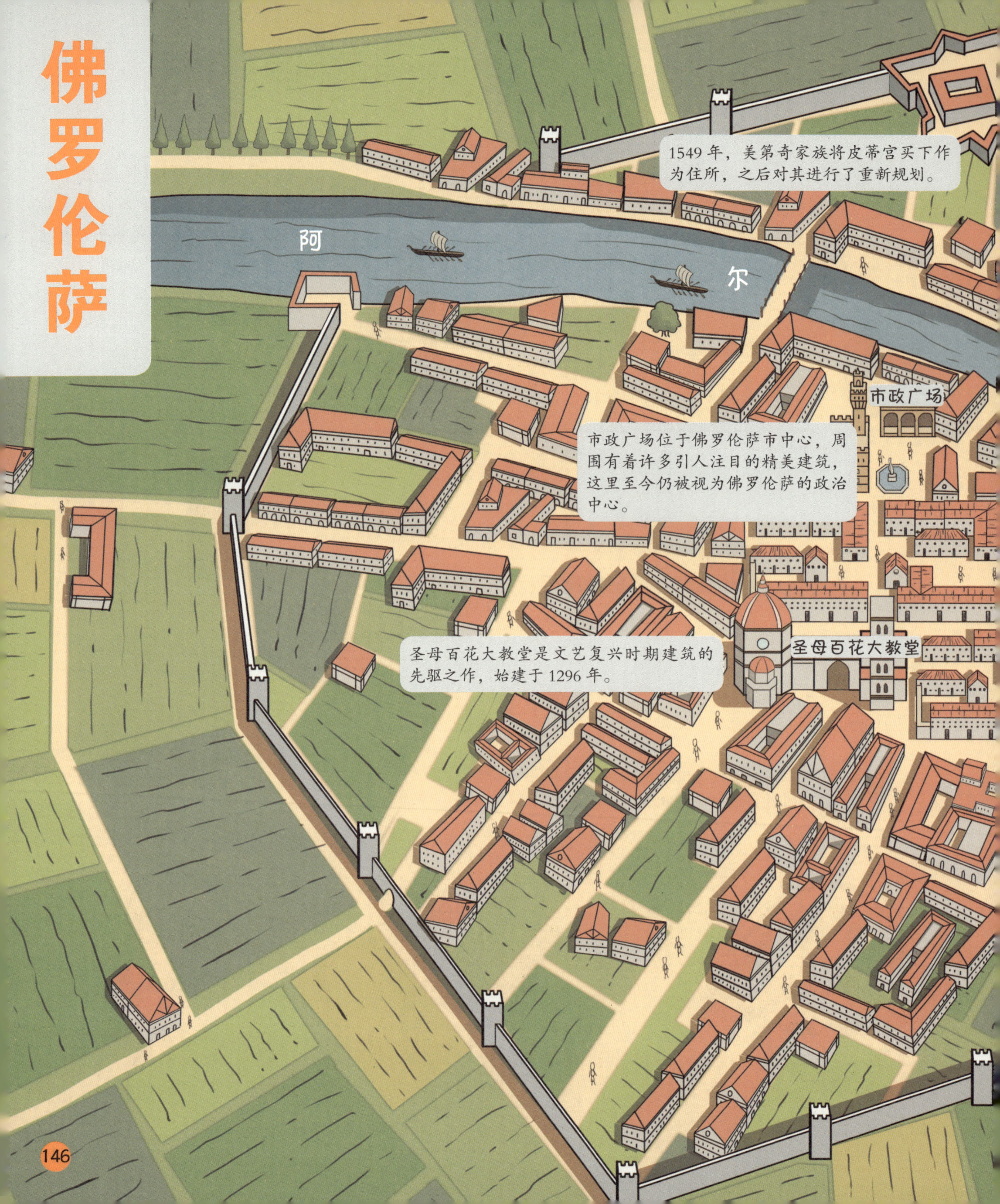

1549年，美第奇家族将皮蒂宫买下作为住所，之后对其进行了重新规划。
阿
尔
市政广场
市政广场位于佛罗伦萨市中心，周围有着许多引人注目的精美建筑，这里至今仍被视为佛罗伦萨的政治中心。
圣母百花大教堂
圣母百花大教堂是文艺复兴时期建筑的先驱之作，始建于1296年。

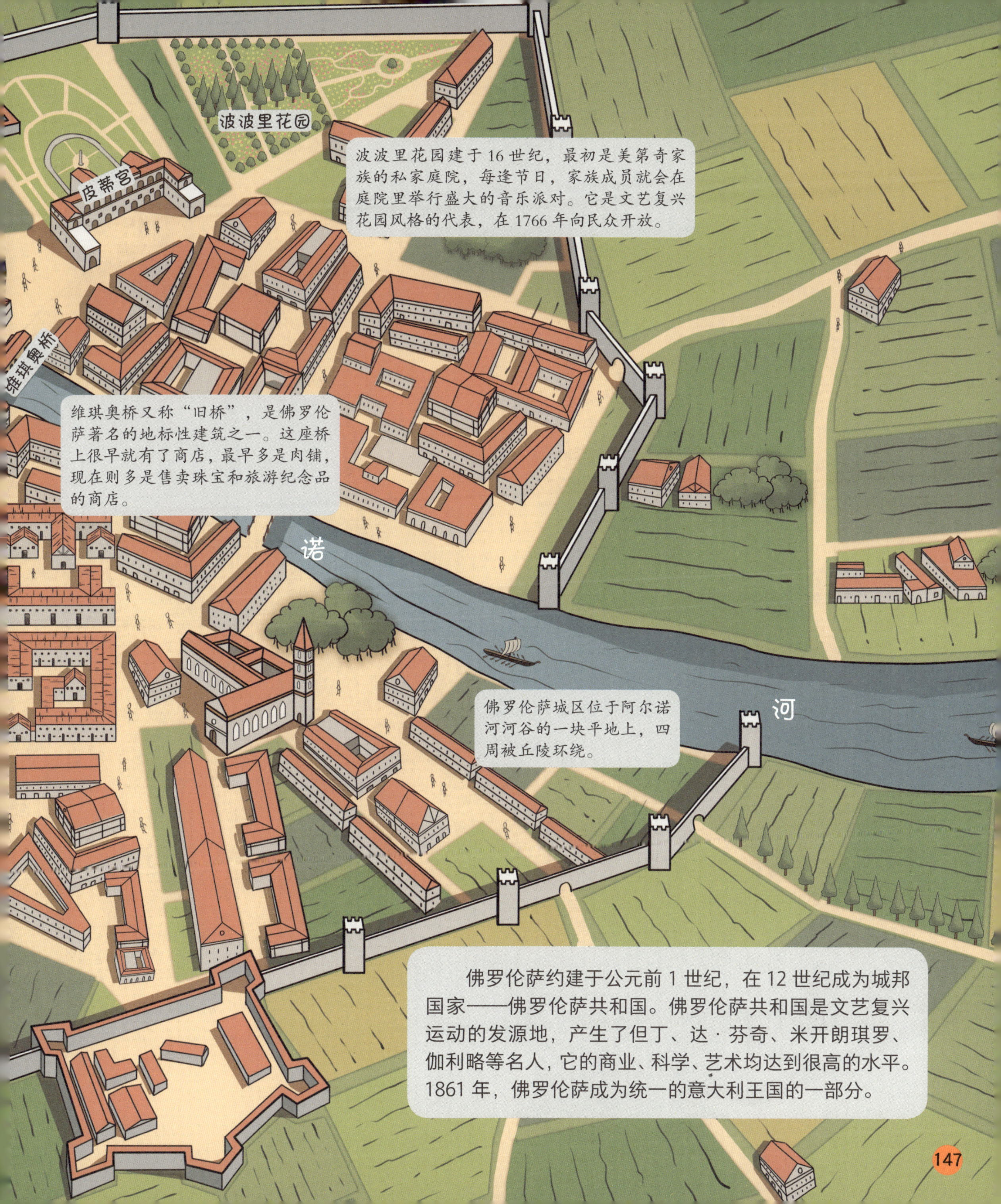


波波里花园建于16世纪，最初是美第奇家族的私家庭院，每逢节日，家族成员就会在庭院里举行盛大的音乐派对。它是文艺复兴花园风格的代表，在1766年向民众开放。

维琪奥桥又称“旧桥”，是佛罗伦萨著名的地标性建筑之一。这座桥上很早就有了商店，最早多是肉铺，现在则多是售卖珠宝和旅游纪念品的商店。

佛罗伦萨城区位于阿尔诺河河谷的一块平地上，四周被丘陵环绕。

佛罗伦萨约建于公元前1世纪，在12世纪成为城邦国家——佛罗伦萨共和国。佛罗伦萨共和国是文艺复兴运动的发源地，产生了但丁、达·芬奇、米开朗琪罗、伽利略等名人，它的商业、科学、艺术均达到很高的水平。1861年，佛罗伦萨成为统一的意大利王国的一部分。

# 圣母百花大教堂

圣母百花大教堂是佛罗伦萨的地标性建筑之一，也是意大利文艺复兴时期的代表建筑。

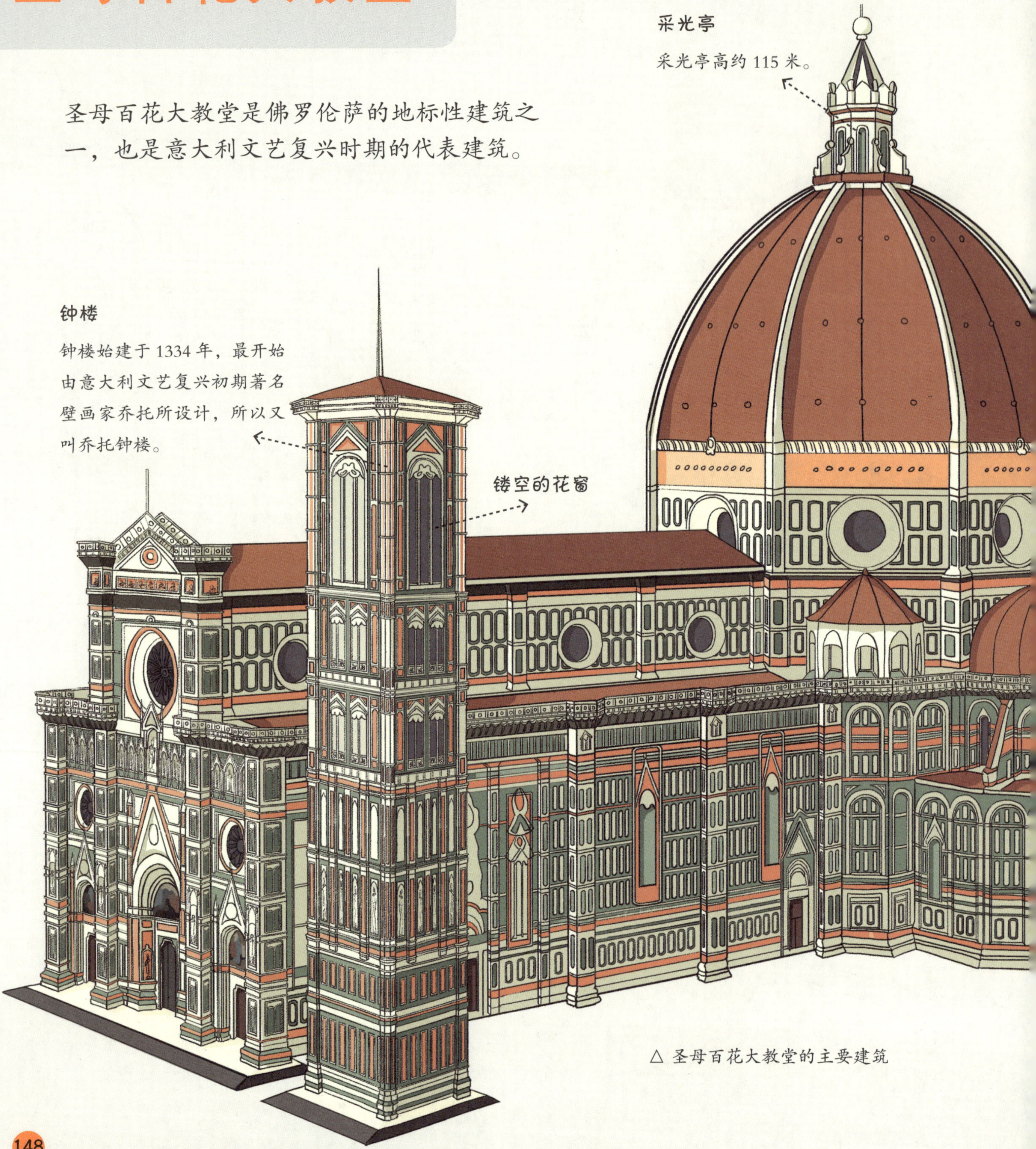


△ 圣母百花大教堂的主要建筑

## 仰望壮丽的穹顶

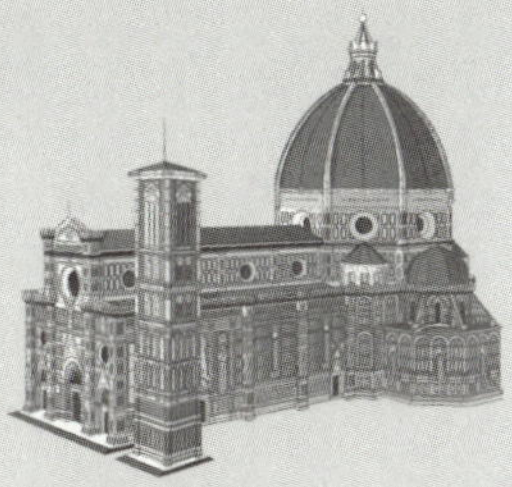

1296 年，佛罗伦萨市政厅决定开始修建圣母百花大教堂。1302 年，教堂因建筑师离世而停工。1334 年，教堂再次开始建造。但是，在教堂的大部分结构完工之后，穹顶的修建却成了一个棘手的问题：因为穹顶的设计直径太大，所以建造难度很大，一直无法建成。

后来，布鲁内莱斯基借用哥特式建筑的一些做法，做出了像罗马万神殿一样的半球形穹顶造型。在施工过程中，他还发明了和现在的起重机相似的机械。

经历种种波折后，教堂的穹顶在 1434 年才最终建成。圣母百花大教堂的穹顶设计，在当时的天主教会看来属于离经叛道的设计，这座穹顶的建成意味着人们突破了思想上的禁锢。也正因此，这一穹顶被认为是“文艺复兴的春讯”。

著名艺术家、建筑师米开朗琪罗在参照圣母百花大教堂设计梵蒂冈的圣彼得大教堂穹顶时，曾感叹说：“我可以建得比它大，却不可能建得比它美。”

穹顶是建筑师布鲁内莱斯基建造的，他效仿罗马万神殿的穹顶结构，既有继承也有创新，成功建成了这举世闻名的穹顶。

**八角形穹顶**

穹顶中有楼梯，可以通往采光亭。

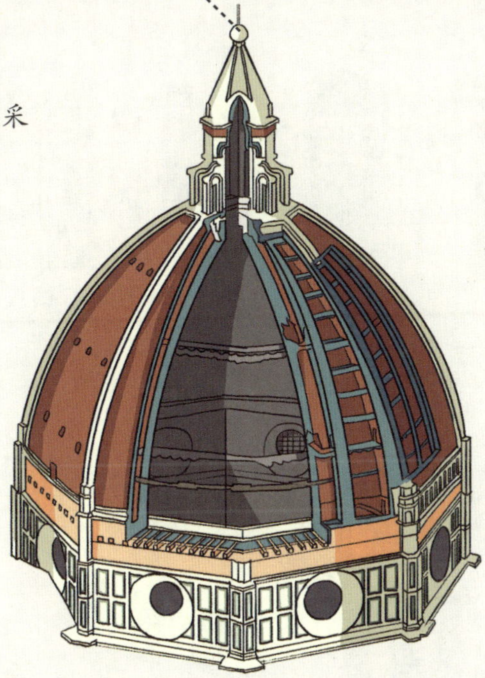

△ 圣母百花大教堂的穹顶

圣母百花大教堂兼具哥特式建筑风格，但它的外墙面没有飞扶壁和小尖塔。

圣母百花大教堂的外墙面是由不同颜色的大理石镶嵌而成的，总体呈现出华丽的风格，与室内的简朴构成强烈的对比。

# 佛罗伦萨的集市

临街房屋的第一层通常是店铺或作坊，人们住在第二层。

商业的繁荣促进了文化艺术的发展，让人们的思想产生了变化。人们开始提倡冒险精神，重视人的价值，这与教会倡导的思想相矛盾。因此，商业的繁荣是佛罗伦萨成为文艺复兴发源地的原因之一。

在文艺复兴时期，佛罗伦萨商业繁荣，街道上的人也形形色色，有运送货物的人、沿街叫卖的小贩、外国商人，等等。

14 世纪中叶，文艺复兴运动兴起。

佛罗伦萨并不临海，距离海岸约80千米，这里最先发展的是手工业。
阿尔诺河是佛罗伦萨重要的商业通道，也为手工业发展提供了便利，使得布匹的洗、漂非常方便。
1336—1338年，佛罗伦萨的纺织业已经十分发达，这里有200多家呢绒纺织厂，从事毛织业的有3万人，约占总人口的三分之一。
1348年，佛罗伦萨暴发黑死病，人口锐减，从事毛织业的工人数量也大大减少。
14世纪，黑死病以贸易路线为媒介，迅速在欧洲蔓延，导致了大规模死亡。这场瘟疫带来了社会动荡，也促进了经济变革，这个时期出现了许多新的商业中心，例如佛罗伦萨。

## 世界上第一部短篇小说集

佛罗伦萨暴发黑死病后，意大利作家乔万尼·薄伽丘写下了短篇小说集《十日谈》，它传播了人文主义思想，是文艺复兴时期文学的代表性作品。

## 标签众多的天才：达·芬奇

人们印象中的达·芬奇是一位著名的画家，他的作品《蒙娜丽莎》和《最后的晚餐》都被世人所熟知。实际上达·芬奇不只是画家，他还是一个“百科全书式的人物”，通晓数学、建筑学、生物学、物理学、天文学、地质学等学科，是人类历史上少见的全才。

## “肥人政治”

13 世纪末，佛罗伦萨有 7 个大行会，由羊毛商、丝绸商、呢绒场主、毛皮商、银钱商、律师、医生等组成。他们控制着执政团，压制中小手工业者，剥削帮工、学徒。因为身材比较臃肿，他们也被称为“肥人”。

## “褴褛汉起义”

1378 年，为了反抗“肥人”的专横统治和残酷剥削，争取一些权益，佛罗伦萨的梳毛工人联合没有加入行会的小手工业者，掀起了一场起义。这场起义又叫“褴褛汉起义”，但最后被镇压了。

## 夜里出门会被关进监狱

中世纪时期的佛罗伦萨实行宵禁制度。如果不是有公务在身的人员，就不能擅自在夜晚的大街上行走。如果某人因为在晚上外出而被抓住，恐怕他就只能在监狱里面过夜了。

## 畅销欧洲的纺织品

佛罗伦萨的纺织品凭借独特的审美和上乘的质量，成为欧洲贵族争相抢购的奢侈品。当时的欧洲贵族都以拥有精美的佛罗伦萨手织围巾或毛毯为荣。

## 但丁

出生于佛罗伦萨的但丁是文艺复兴的先驱。长诗《神曲》是他最重要的作品，分为“地狱”“炼狱”“天堂”三部分，抨击了教会的贪婪。“人不能像走兽那样生活，应该追求知识和美德”就是他的名言。

## 佛罗伦萨与歌剧

第一部歌剧的产生与文艺复兴时期的宫廷娱乐活动有着密切的联系。佛罗伦萨是文艺复兴的发源地，这里有许多艺术家和一批对古希腊艺术很感兴趣的贵族，为歌剧的诞生提供了肥沃的土壤。1597 年，世界上第一部歌剧《达芙妮》在佛罗伦萨上演。

◀ 没有眉毛的蒙娜丽莎

## 振奋人心的《大卫》

1501 年，著名艺术家米开朗琪罗受佛罗伦萨政府委托，开始制作雕像《大卫》。这座雕像刻画了少年英雄大卫对敌人发出致命一击前的神态，将大卫捍卫祖国、力抗强权的形象体现得淋漓尽致，激励了当时佛罗伦萨人民的士气，是文艺复兴时期的艺术杰作。

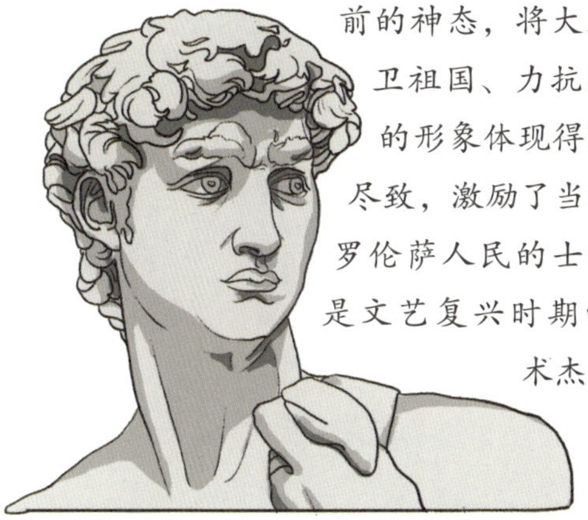

## 富可敌国的商人家族

15 世纪至 18 世纪中期，美第奇家族是欧洲极具影响力的家族。15 世纪中叶，美第奇家族凭借其强大的经济实力控制着佛罗伦萨共和国政权。直至 1737 年，美第奇家族对佛罗伦萨的统治才结束。美第奇家族在佛罗伦萨的文化艺术领域投入了大量资金，赞助了许多艺术家与学者，例如米开朗琪罗、达·芬奇、伽利略，对文艺复兴运动产生了深远影响。

# 佛罗伦萨共和国历史大事记

### 公元 1115 年

佛罗伦萨成为独立的城市公社。

### 公元 1187 年

佛罗伦萨击败神圣罗马帝国军队，获得自治权，佛罗伦萨共和国成立。

### 公元 1348 年

佛罗伦萨暴发黑死病，客观上推动了文艺复兴的发展。

### 14 世纪中叶

佛罗伦萨的知识分子以“复兴古典文化”为旗帜，掀起了文艺复兴运动。

（被誉为“文艺复兴之父”的彼得拉克）

## 文艺复兴时期的科学成就

佛罗伦萨及其他许多地区在文艺复兴时期出现了一场前所未有的“科学革命”，出现了许多科学人才，比如达·芬奇。这场“革命”将科学从中世纪的神学枷锁中解放出来，有力地促进了人们的思想启蒙。文艺复兴中涌现的许多理论和发明，对人类的进步与发展做出了重大贡献。

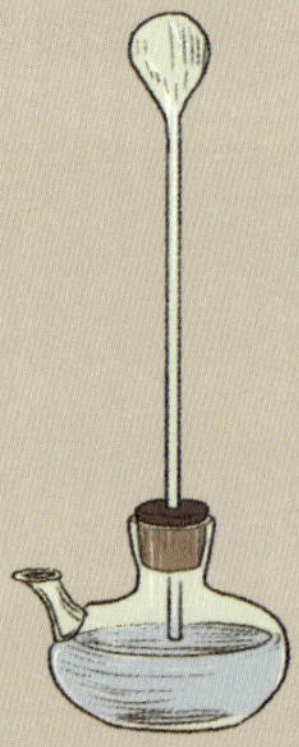

温度计

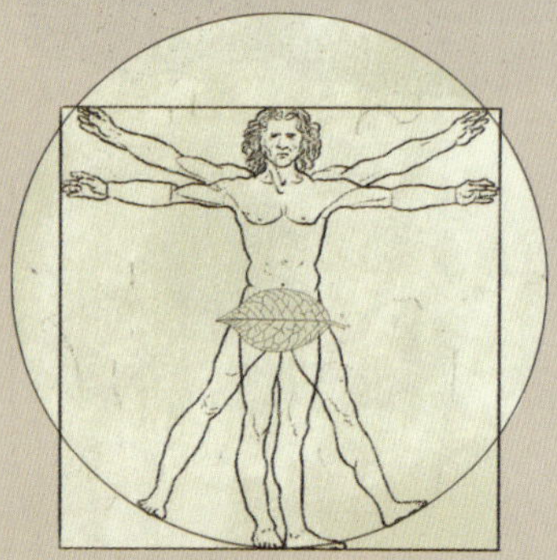

人体比例图

（比萨斜塔）

## 公元 15 世纪初

佛罗伦萨共和国征服比萨，成为托斯卡纳地区的霸主。

## 公元 1434 年

柯西莫·德·美第奇夺取政权，开始了美第奇家族的统治。

（米开朗琪罗为洛伦佐·德·美第奇制作的雕像）

## 公元 1492 年

柯西莫之孙洛伦佐·德·美第奇去世。之后佛罗伦萨陷入混乱，文艺复兴的中心由佛罗伦萨转移至罗马。

## 公元 1569 年

美第奇家族依靠西班牙的支持，建立了托斯卡纳大公国，佛罗伦萨共和国的历史就此结束。

（美第奇家族的托斯卡纳大公王冠）

天文望远镜

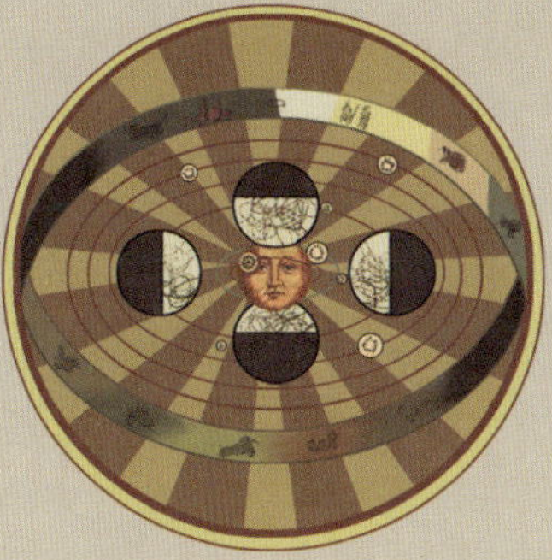

日心说模型

# 巴黎

距今2 000多年前，高卢人居住在西岱岛上的小渔村里，那时居民只有几百个人。

公元前52年，这里被古罗马人占领，之后开始向城镇发展。

16世纪，巴黎街道上安装了简陋的“路灯”，天黑时，居民会在“路灯”容器里点燃松脂或木条来照明。

从11世纪开始，巴黎开始向塞纳河的这一侧发展。中世纪时期，巴黎的贸易区和手工业作坊主要在这一区域。

卢浮宫位于塞纳河畔，建于1190—1204年间，当时是为加强防御而建的，同时也用作存放王室档案和珍宝的地方。15世纪以后，这一建筑又经过多次改建和扩建。

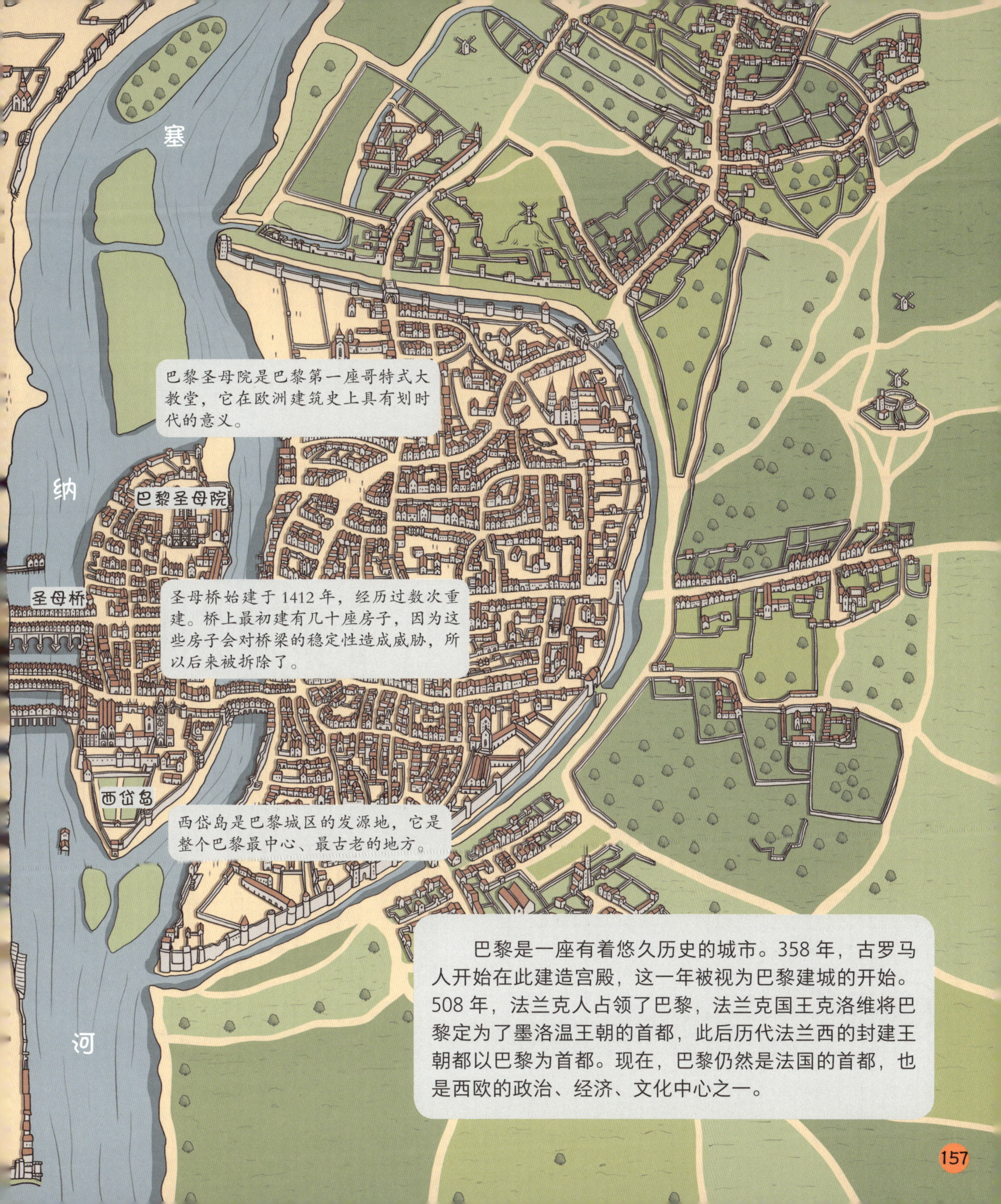


巴黎圣母院是巴黎第一座哥特式大教堂，它在欧洲建筑史上具有划时代的意义。

圣母桥始建于1412年，经历过数次重建。桥上最初建有几十座房子，因为这些房子会对桥梁的稳定性造成威胁，所以后来被拆除了。

西岱岛是巴黎城区的发源地，它是整个巴黎最中心、最古老的地方。

巴黎是一座有着悠久历史的城市。358年，古罗马人开始在此建造宫殿，这一年被视为巴黎建城的开始。508年，法兰克人占领了巴黎，法兰克国王克洛维将巴黎定为了墨洛温王朝的首都，此后历代法兰西的封建王朝都以巴黎为首都。现在，巴黎仍然是法国的首都，也是西欧的政治、经济、文化中心之一。

# 巴黎圣母院

巴黎圣母院是法国最具代表性的历史古迹，也是欧洲最著名的哥特式大教堂之一和世界文化遗产之一。

高耸的尖顶是哥特式建筑的一大特征。整个建筑在视觉上显得十分轻盈而神秘。

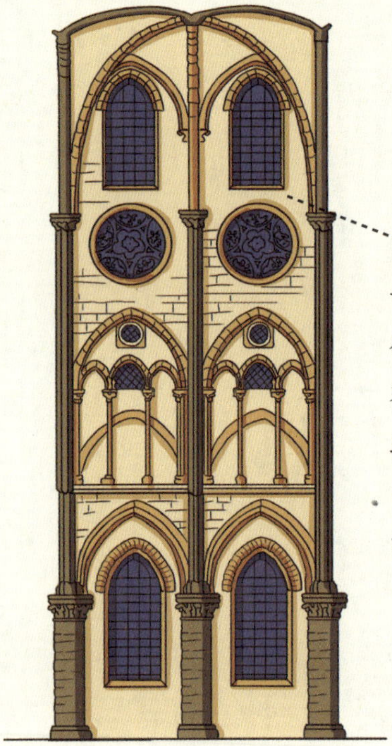

△ 建筑细节

哥特式建筑的特殊构造使得窗户数量大大增加。巴黎圣母院的窗子使用彩色玻璃，图案精美。阳光可以透过窗户，将教堂内部渲染得五彩缤纷。

巴黎圣母院由石材砌成，人们能在其中见到许多雕工高超的雕塑与美轮美奂的壁画，它们都有着令人赞叹的艺术水准。

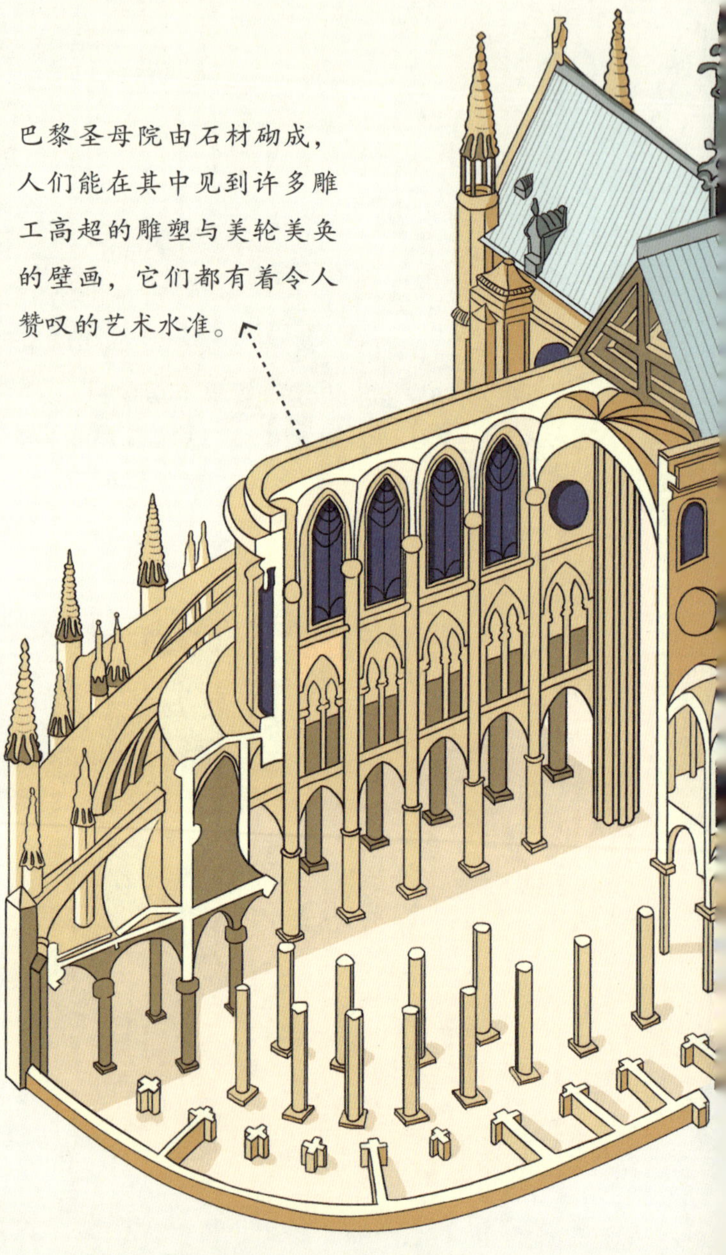

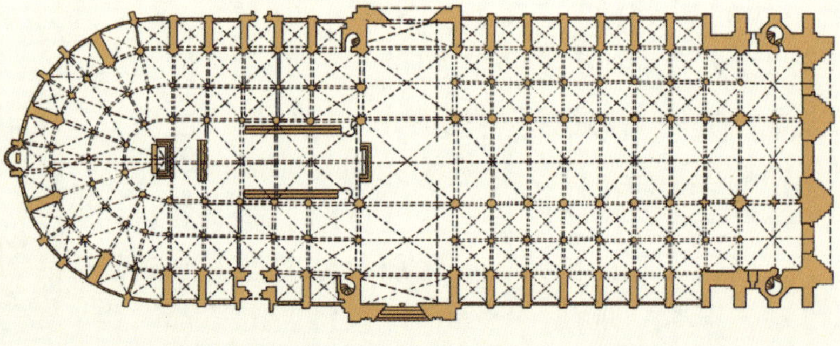

△ 巴黎圣母院平面图

△ 巴黎圣母院剖面图

## 法国的文化象征

巴黎这座城市，是以塞纳河中的西岱岛为中心逐渐发展起来的。巴黎圣母院就位于这座岛上。

巴黎圣母院始建于 1163 年，竣工于 1345 年，是法国哥特式建筑的杰出代表。它历经战火，在法国大革命时期受到了严重破坏。1845 年，法国修复建筑师维奥莱-勒-迪克开始主持巴黎圣母院的重修再建工作，巴黎圣母院才得以在 1864 年重新开放。

巴黎圣母院见证了许多具有重大意义的典礼，比如拿破仑的加冕仪式、国王的婚礼、戴高乐将军的葬礼。巴黎圣母院既是法国人引以为傲的建筑杰作，也是法国的文化象征。法国文学家维克多 · 雨果创作的著名长篇小说《巴黎圣母院》，其故事背景就设置在这里。

# 拿破仑加冕

1804 年 12 月 2 日，拿破仑的加冕典礼在巴黎圣母院举行。

出席加冕典礼的有教皇、大臣、贵族以及各国使节。

拿破仑于 1769 年出生于科西嘉岛一个破落贵族家庭，他军事才能卓越，是著名的军事家、政治家。他创建了法兰西第一帝国，是法兰西第一帝国的皇帝。

1799 年，拿破仑发动政变，建立了军事独裁统治。1804 年，拿破仑称帝。

约瑟芬是拿破仑的第一任妻子，拿破仑从教皇手中接过皇冠，为皇后戴上，以表明“权力出于自身”。

拿破仑头上戴着特制的月桂叶金冠，那和古罗马的凯撒佩戴的桂冠非常相似。
1815 年，在欧洲各国的联合进攻下，法兰西第一帝国覆灭。
神职人员佩戴的礼冠上点缀着金银丝、宝石和珍珠，这些装饰物象征着他们的权势。

## 法兰克王国的建立者

西罗马帝国灭亡前后，日耳曼人在西欧建立了许多王国。其中，最为强大的是建于481年的法兰克王国，建立者为克洛维。在他统治期间，法兰克王国的版图不断扩大。

## 采邑制

8世纪前期，法兰克王国宫相查理·马特对采邑制实行了改革，国王不再是无条件赏赐封地，得到封地的臣属需要服军役。这样，赐地者成为封君，接受封地者成为封臣。

## “臣服礼”

在结成封君封臣关系时，封臣会履行一种叫“臣服礼”的仪式，封臣跪在封君的面前，把手放在封君合拢的手掌中，宣誓效忠于他。然后，封君会将封臣拉起来，并将信物交给他。

## 特殊的官职——宫相

宫相是法兰克王国墨洛温王朝特有的官职，起初的宫相相当于王室总管，管理宫廷事务和王室地产。后来，宫相的权力日益增大。751年，宫相之子丕平三世自立为国王，宫相一职至此终结。

## 被称为“矮子”的国王

丕平三世被后世称为“矮子丕平”，他是宫相查理·马特之子，他强迫墨洛温王朝的末代君主遁入修道院，建立了加洛林王朝。

## “懒王”

“懒王”不是指一位国王，而是对法兰克王国墨洛温王朝末期十几位国王的统称。据史料记载，当时的国王意志消沉，空有头衔，披着长发在王位上装样子，而实权掌握在宫相手中。

## 圣女贞德

在英法百年战争中，少女贞德得到了王太子查理授予的兵权，率领法军大破英军，夺回了法国北方的大量失地，为法国的胜利做出了重要贡献，因此她被法国人称为“民族英雄”。1431 年，年仅 19 岁的贞德在法国鲁昂英勇就义。1920 年，她被教廷封为圣女。

▲ 巴黎凯旋门

## 在位时间最长的国王之一

波旁王朝的国王路易十四自称为“太阳王”，他当国王的时间长达 72 年（即从 1643 年至 1715 年），是世界历史上在位时间最长的国王之一。在位期间，他大力发展法国的经济、文化、艺术，使法国成为当时欧洲最强的国家之一。

## “锁匠”国王

国王路易十六对锁具十分痴迷。这位“锁匠”国王还建造了全法国最高级的五金作坊，专门用来研究和制造各种复杂的锁具。在法国大革命中，路易十六以叛国罪的罪名被送上了断头台。

## 一个分等级的社会

法国大革命以前的法国社会分为三个等级，分别是贵族、教士和普通民众。其中，教士与贵族养尊处优，享有免税权，而普通民众得承担繁重赋税。经历了层层剥削，法国百姓产生了许多不满。1789 年 7 月 14 日，巴黎民众攻占了象征国王统治的巴士底狱，由此引发了全国范围内的暴动。法国大革命就此开始。

# 法国历史大事记

**公元 3 世纪**

散居于莱茵河下游一带的法兰克人入侵高卢。

**公元 481 年**

克洛维建立法兰克王国，开启了墨洛温王朝的统治。

（克洛维）

**公元 732 年**

宫相查理·马特率军击败进犯的阿拉伯人，捍卫了法兰克王国的独立。

**公元 751 年**

查理·马特的儿子丕平三世篡夺王位，开启了加洛林王朝的统治。

**公元 1789 年**

巴黎市民攻陷巴士底狱，标志着法国大革命的开始。

**公元 1804 年**

拿破仑加冕称帝，法兰西第一帝国建立。

**公元 1958 年**

法兰西第五共和国成立，戴高乐出任首任总统。

**公元 843 年**

查理大帝的三个孙子签订《凡尔登条约》，法兰克王国被三人瓜分为了三个国家。

**公元 1302 年**

为了与教皇对抗，国王腓力四世召开了法国历史上第一次由教士、贵族和平民组成的三级会议。

**公元 800 年**

法兰克国王查理被教皇加冕为“罗马人的皇帝”，查理曼帝国就此建立。

**公元 987 年**

法兰西岛公爵雨果·卡佩被贵族推举为国王，建立卡佩王朝。历史学家视之为法兰西王国的开端。

**公元 1589 年**

亨利四世即位，建立了法兰西波旁王朝。

**公元 1337—1453 年**

法国和英国冲突不断，进行着历史上著名的英法百年战争。

**公元 1672 年**

国王路易十四为争夺欧洲霸权，对荷兰发动战争。1678 年，法国获胜。

**公元 1423—1483 年**

国王路易十一在位时，不断将贵族领地并入王室领地，法兰西王国基本实现了统一。

（英国弓箭兵形象）

# 马德里

曼萨纳雷斯河
位于此地的建筑在16世纪时被改造为皇家宫殿，1734年被大火烧毁。马德里皇宫就是在其原址上修建的。
皇家宫殿
皇家花园
马德里市政广场
马约尔广场
历史上的马约尔广场有着许多不同的功能，曾用作集市、皇家法令颁布会场、斗牛场、刑场等。
圣克鲁斯宫
圣克鲁斯宫最早是马德里的法院和监狱所在地，1767年被改为王宫。在1791年的火灾后，建筑得到重修，现由西班牙外交部使用。

圣赫罗尼莫修道院位于市郊，始建于15世纪，最初是女王伊莎贝拉与共治国王费尔南多的休养之地。该建筑后来在战争中几乎被毁，并历经多次调整和改建。

太阳门广场是马德里重要的集会场所，人们可以在这里打听到各种各样的消息。几百年来，太阳门广场一直是西班牙重大历史事件的见证地。

丽池公园建于17世纪，由菲利普四世下令修建，王室成员经常在这里举办娱乐活动。19世纪，丽池公园对公众开放。

马德里建城于9世纪。15世纪末，西班牙走向统一。1561年，菲利普二世迁都马德里，马德里成为帝国统治的中心。如今，马德里是西班牙的首都、最大城市以及商业中心。

# 马德里皇宫

马德里皇宫是马德里的代表性文化遗迹，是仅次于巴黎凡尔赛宫和维也纳美泉宫的欧洲第三大皇宫。

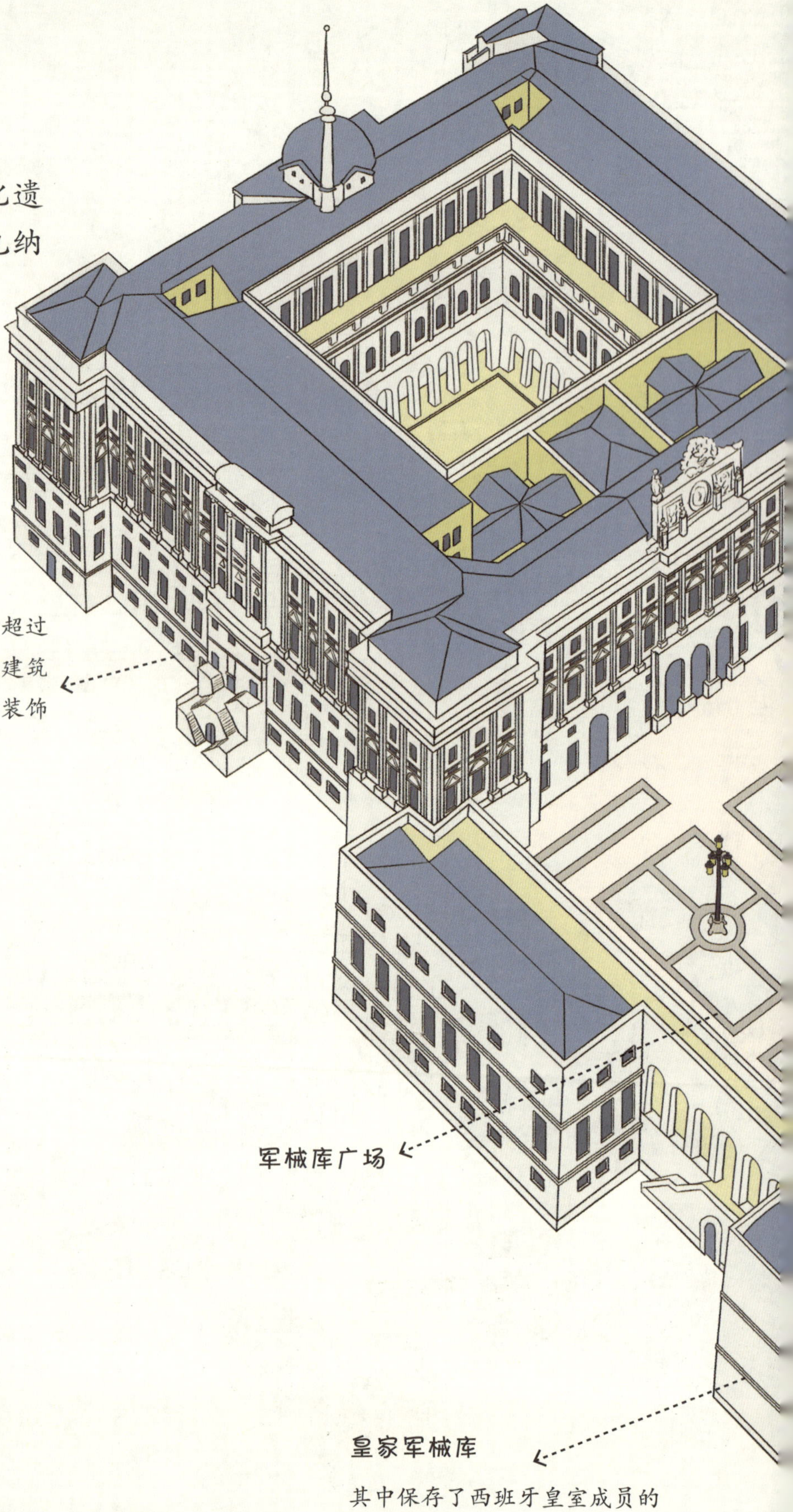

马德里皇宫的规模很大，内部房间的数量超过 2 000 个。皇宫外观具有和卢浮宫一样的建筑美，呈正方形结构，每边长 180 米。内部装饰精美辉煌，至今都保存良好。

军械库广场

**皇家军械库**

其中保存了西班牙皇室成员的武器与盔甲。

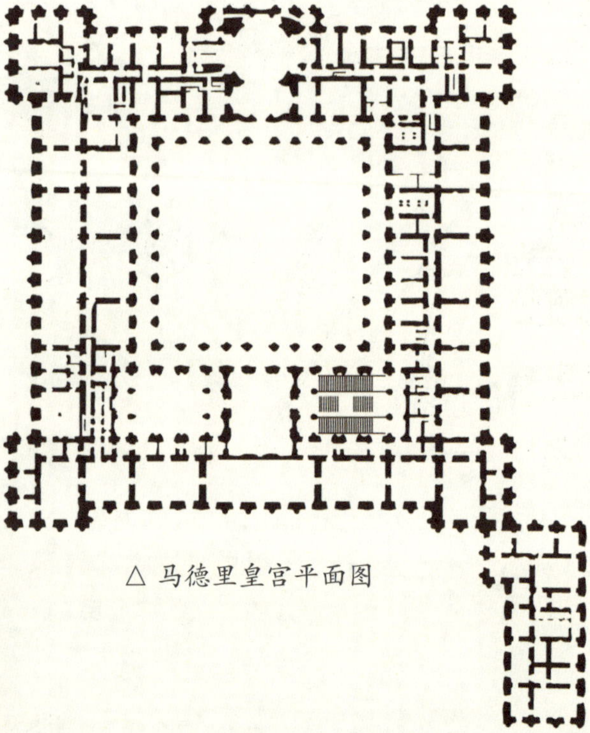

△ 马德里皇宫平面图

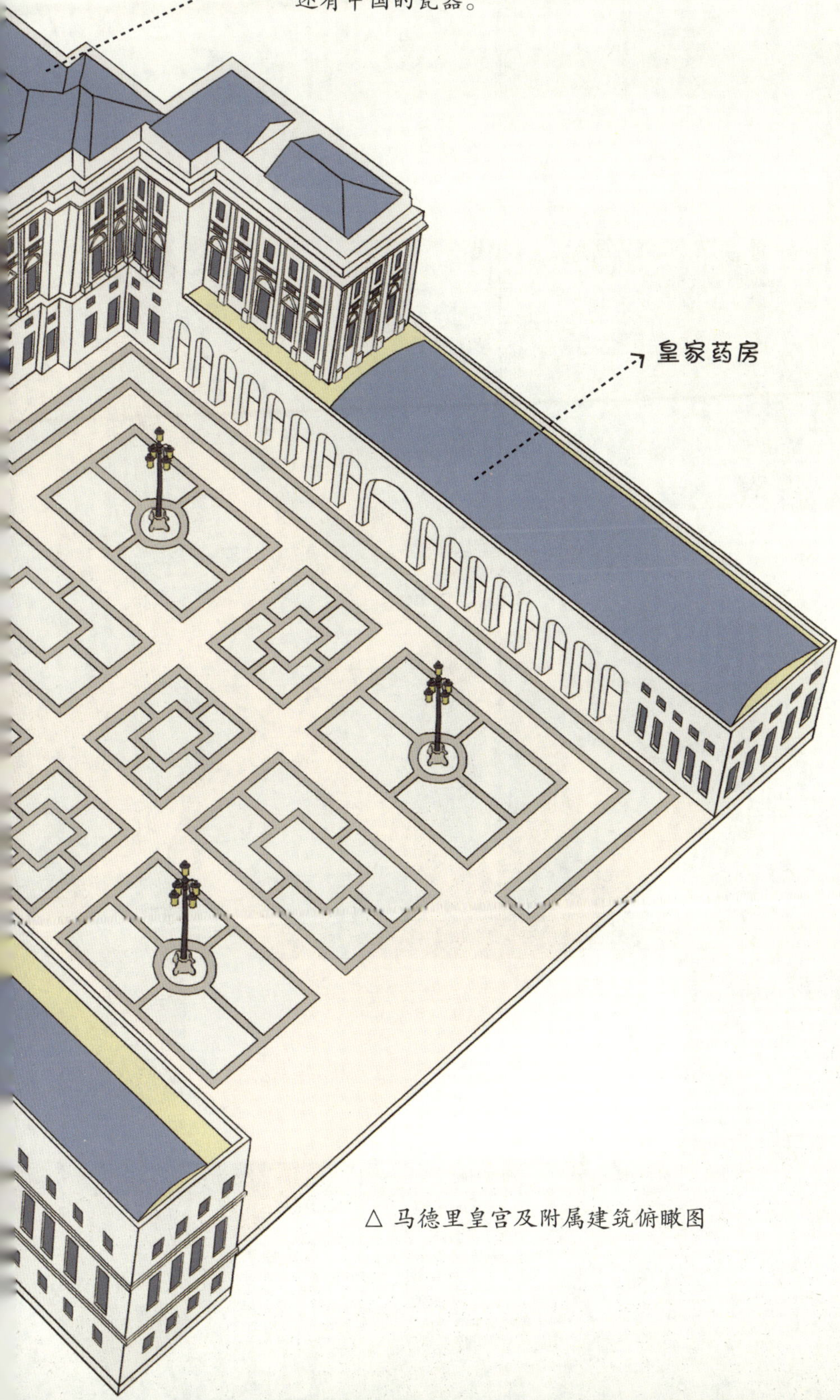


△ 马德里皇宫及附属建筑俯瞰图

## “西班牙的凡尔赛宫”

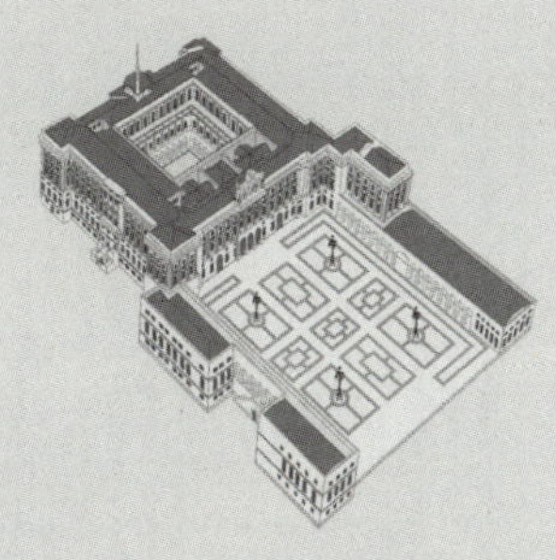

马德里皇宫虽然是西班牙君主的宫殿，却和法国的凡尔赛宫有些关系。下令修建马德里皇宫的菲利普五世，同时有法国和西班牙王室血统。他是法国“太阳王”路易十四的孙子，于 1700 年继承西班牙王位。他从小在法国的凡尔赛宫长大，于是也想在西班牙建造一座可以和凡尔赛宫媲美的宫殿。

1738 年，菲利普五世下令修建马德里皇宫，主要的房间历经 26 年才完工。当时，西班牙的国家实力已经大不如从前，“无敌舰队”早已被英国击败，西班牙早已不是海上霸主，但皇宫里面的布置仍然奢华精美、富丽堂皇。

# 惨败的『无敌舰队』

为了保障海上交通线的安全和在海外的利益，西班牙王室在16世纪组建了一支强大的海上舰队。这支舰队有100多艘战舰、3 000余门大炮、数以万计的士兵，自称“无敌舰队”。

在英国和西班牙之间的贸易冲突升级的背景下，西班牙的“无敌舰队”于1588年对英国进行讨伐，但被英国海军击溃。从此，西班牙丧失了海上强国的地位。

1588年夏天的一个午夜，英国海军改造的纵火帆船乘着西风冲向西班牙舰队。黑暗中，恐慌的西班牙海军一片混乱，许多船舰撞在了一起。这场战役被称为“格拉沃利讷海战”，并有“欧洲版赤壁之战”的说法。

在这场战役中，有一名英国海军将领十分有名，他就是弗朗西斯·德雷克，被称作“德雷克船长”。他是海盗出身，对英国海军的战舰和海战战术进行了改革，并完成过环球航行的壮举，德雷克海峡便是以他的名字命名的。

英国海军的船只虽然体形较小，但速度快，船上还装备了远程火炮。西班牙的战舰船体高大，船上装载的步兵数量多，适合进行登船作战。

在出征的约130艘西班牙战舰中，只有约60艘返回了西班牙，大部分幸存者在返回故土后都一病不起。

# 西班牙帝国

## 追逐奢侈品的西班牙人

对于16世纪的欧洲人而言，来自遥远东方的瓷器、丝绸和茶叶就是奢侈品。当时西班牙人在美洲抢掠了大量白银，其中很大一部分流入了中国，用来换取来自东方的奢侈品。

## 人类历史上的第一次环球航行

葡萄牙人麦哲伦曾经向葡萄牙国王提出远航计划，但未被采纳。后来麦哲伦成功说服西班牙国王卡洛斯一世，并于1519年从西班牙出发。他于1521年死于菲律宾群岛，但他的船队完成了环球航行的壮举。

## 联姻成就的帝国

1469年，卡斯蒂利亚王国的王位继承人伊莎贝拉同阿拉贡王国的王位继承人费尔南多结婚，这一政治联姻被视为西班牙君主政体建立的基石。

## 哥伦布发现新大陆

1492年，哥伦布带着西班牙国王给东方君主的文书，率船队由西班牙的巴罗斯港出发，开始了海上探险。在这次探险中，哥伦布发现了美洲新大陆。

## 哥伦布的“伯乐”

哥伦布一直怀揣着远航的梦想，并不富裕的他想要实现梦想，就必须得到大量资助。他奔走十几年，到处寻求资助却屡屡碰壁，后来终于得到了西班牙伊莎贝拉女王的认可，在她的支持下，哥伦布终于得到了西班牙的资助。

## 让人心跳加速的奔牛节

奔牛节是西班牙的传统节日。在节日庆典上，人们会将公牛激怒，凶悍的公牛在人群的簇拥下不断狂奔着，最后被引牛人带进斗牛场，场面极其惊心动魄。

## 黄金浪潮

自从哥伦布发现新大陆以后，许多西班牙人为了财富踏上了前往美洲的航路。在16—17世纪，约有150吨黄金从美洲被运往西班牙。

▲ 西班牙帝国的战舰

## 文明摧毁者

16世纪，西班牙凭借强大的军事力量，摧毁了美洲的阿兹特克帝国、印加帝国和玛雅文明。他们使用武力，强迫印第安人开采金银矿，强迫印第安人和黑人在种植园里劳作。这种血腥的积累使西班牙的财富获得巨额增长，大量的黄金白银源源不断地流入西班牙。

## 西班牙与印加帝国的“碰撞”

1532年，西班牙人皮萨罗带领168人，打败了庞大的印加帝国。西班牙人虽然人数少，但是他们装备了当时世界上最先进的火器，而他们的对手印加人手持木棍、长弓、标枪等原始武器。西班牙人将印加皇帝擒获，将其作为人质，不断向印加人索求大量赎金。数月后，西班牙大量援兵抵达，开始大举进攻印加帝国。

## “西班牙征服者”

15—17世纪，美洲大陆与亚洲太平洋等地区涌现出了一大批西班牙军人与探险家，他们在海外探险、劫掠，被称为“西班牙征服者”。他们在探险的过程中，给不少地区的文明带来了毁灭性的打击。

## “壕沟战之父”

贡萨洛是西班牙名将，在16世纪初的切里尼奥拉战役中，贡萨洛依托堑壕工事发挥火枪威力，以少胜多打败了法国军队，他被称为“壕沟战之父”。

# 西班牙帝国历史大事记

**公元 1479 年**

卡斯蒂利亚王国与阿拉贡王国合并，建立了西班牙王国。

**公元 1492 年**

阿拉伯人在西班牙建立的最后一个王国被打败，西班牙完成最终的统一。

**公元 1516 年**

卡洛斯一世继任西班牙国王，开启了西班牙哈布斯堡王朝的统治。他使西班牙帝国盛极一时。

**公元 1533 年**

西班牙征服印加帝国。

## 哈布斯堡家族 ▶

西班牙帝国曾被哈布斯堡家族所统治。哈布斯堡家族是欧洲历史上统治地域最广的王室，家族成员曾出任过卡斯蒂利亚、西班牙、葡萄牙、奥地利等国的国王。比如，右边的菲利普二世和菲利普四世都曾担任西班牙国王。1700 年，西班牙哈布斯堡王朝的卡洛斯二世去世，他没有子嗣，因此结束了哈布斯堡家族对西班牙的统治。

**菲利普一世**

**卡斯蒂利亚国王**

**公元 1588 年**

西班牙的“无敌舰队”远征英国失败，西班牙就此丧失了海上强国的地位，开始衰落。

**公元 1648 年**

西班牙对法国作战失利，在陆地上的军事优势也宣告结束。

**公元 1713 年**

《乌得勒支和约》签订，标志着西班牙王位继承战争的结束。此后，西班牙帝国失去了往日的辉煌。

**菲利普二世**

西班牙国王、葡萄牙国王

**菲利普四世**

西班牙国王、葡萄牙国王

**弗朗茨二世**

奥地利皇帝

# 马丘比丘

拴日石被认为是一种特殊的天文装置。印加人还可以通过观察它的日影变化确认季节。

印加人的造田技术非常高超，在悬崖边上修建了规整的梯田。这些梯田不仅能保水保肥，还能够稳固城市的地基。

神圣广场是马丘比丘举行重要宗教仪式的场所。

马丘比丘（位于今天的秘鲁）是印加帝国晚期建造的一座古城。这座城市始建于15世纪，位于海拔2 000多米的山脊之上，已经成为印加文明的一个代表。1983年，马丘比丘被联合国教科文组织认定为世界文化与自然双重遗产。

马丘比丘的城区由居住区和神圣区域组成。居住区位于地势较低的地方，神圣区域位于地势较高的地方。

马丘比丘古城具有很强的抗震能力，历经了多次地震，地基依然牢固。

1911年，美国耶鲁大学的考古学家偶然发现了马丘比丘的遗址，这才让这座沉默了约4个世纪的印加古城走入人们的视野。

太阳神庙是马丘比丘的代表建筑之一，如今只剩下断壁残垣，但专家推断当初它的规模是很大的。太阳神庙中可能有两扇窗户，在冬至日与夏至日时，太阳光透过窗户进入建筑。

# 库斯科大教堂

马丘比丘不远处就是印加帝国曾经的首都库斯科城。相较于马丘比丘，库斯科城具有特殊的意义，因为这里见证了西班牙入侵印加帝国的历史。这里的库斯科大教堂正是在这一背景下建造的。

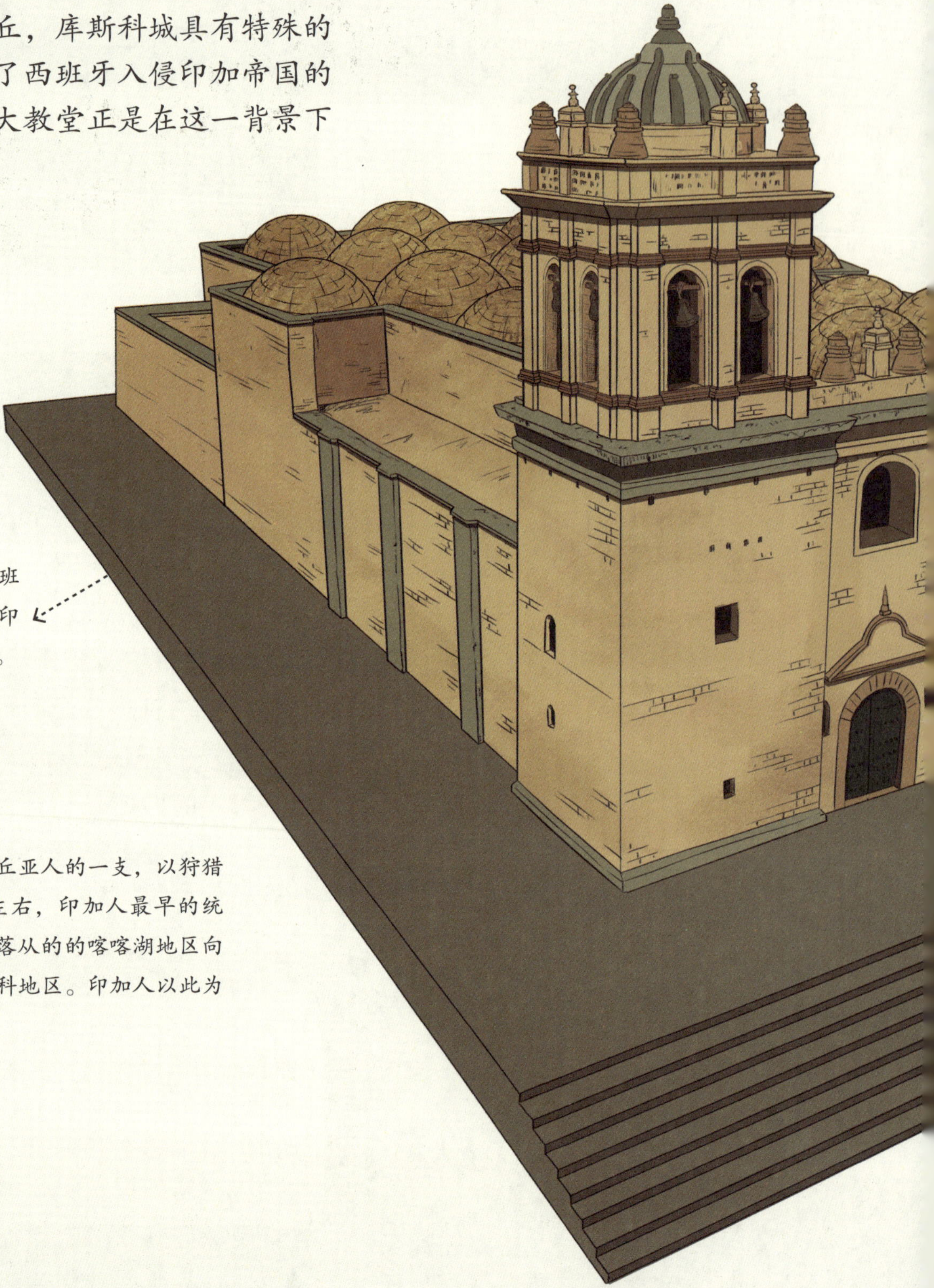

库斯科大教堂是一座融合了西班牙文艺复兴时期的建筑风格与印加人精湛工匠技术的杰出建筑。

印加人原为印第安人中克丘亚人的一支，以狩猎为生。据传，在1000年左右，印加人最早的统治者曼科·卡帕克率领部落从的的喀喀湖地区向北迁移，最后定居于库斯科地区。印加人以此为中心，逐渐向外扩张。

**钟楼**

库斯科大教堂的钟楼里悬挂着一口大钟，重约 130 吨。它是南美大陆最大的钟，钟声能够传到几十千米以外的地方。

△ 库斯科大教堂的主体建筑

库斯科大教堂于 1560 年开始修建，西班牙殖民者在修建这座教堂时，从萨克塞瓦曼的堡垒搬来了很多大石头做建筑材料。过去 400 多年间，库斯科大教堂遭受了数次大地震，但是都幸存下来。

## 失落的文明

印加帝国位于现在的南美洲，一度创造了一个独一无二的辉煌文明，在 15 世纪时达到了鼎盛。然而，随着哥伦布发现新大陆，西班牙殖民者将目光放到了美洲的土地上。由于西班牙殖民者的入侵和天花病毒的肆虐，印加帝国走向了灭亡。

16 世纪，西班牙殖民者入侵印加帝国后，为了巩固殖民统治，防止当地人反抗，除采取政治和军事措施之外，还强迫印加人信奉天主教，拆除了大量当地的政治、宗教建筑，在印加帝国故都的废墟上修建了这座库斯科大教堂。

和库斯科城形成鲜明对比的是马丘比丘，后者建于西班牙人入侵前约 100 年，未被入侵者找到，因而保留了印加文明的原始样貌。

这也表明，历史建筑不只是建筑材料的堆砌，它们还是文明的象征，具有重要的意义。

# 建造中的城市

有考古学家认为，马丘比丘是由印加皇帝帕查库特克在 1440 年左右建造的庄园城市，可供印加贵族休养。

马丘比丘年年都会经历雨季，发生山体滑坡和泥石流的可能性较大。印加人建造了梯田墙，它们能巩固山体，疏导雨水，梯田上还可以种植农作物。

梯田墙内部共有三层，表层是肥沃的土壤，土壤下面是沙砾，底部是更大的石头。这种结构能稳固土壤，减少雨水对山体的侵蚀。

马丘比丘位于现在秘鲁境内库斯科城西北部约120千米的地方，建造在高高的山脊之上，山脊两边都是悬崖峭壁。要在这又高又陡的地方建造一座城市，无疑是一项极其困难的工程。
由于地处高山，马丘比丘始终没有被当时的西班牙侵略者发现，被完整保留了下来。
水资源是梯田系统的关键。印加人修建了水渠和水沟，将雨水和冰雪融水收集起来，并分配到不同的梯田中。
印加人是处理和运用石料的大师，工人们将这些坚硬的巨石打磨光滑，再将它们一块块紧密地拼合在一起。
20世纪初，于耶鲁大学任教的美国考古学家海勒姆·宾厄姆发现了马丘比丘的遗址，并将大量文物带回美国。时至今日，耶鲁大学一直以秘鲁没有能力保护文物为由，拒绝归还这些珍贵的文物。

# 印加帝国

## 重视农业的印加文明

印加人除了擅长修建梯田，还会建造复杂的灌溉系统，建造的最长的水渠长达 113 千米。他们培植了各种各样的农作物，包括马铃薯、甘薯、南瓜、花生、番茄等 40 多种农作物。

## 恐怖的天花病毒

天花病毒被西班牙移民带去了南美洲，造成印加帝国天花大流行，这也加速了印加帝国的灭亡。天花病毒可以通过飞沫传播，传染性强且致死率较高。目前，天花这种传染病已经被根除。

## 高超的建筑艺术

库斯科城的宫殿和城墙没有使用砂浆或者水泥，都是直接用巨石堆砌而成的。石头与石头之间几乎没有缝隙，许多地方连刀子都插不进去。

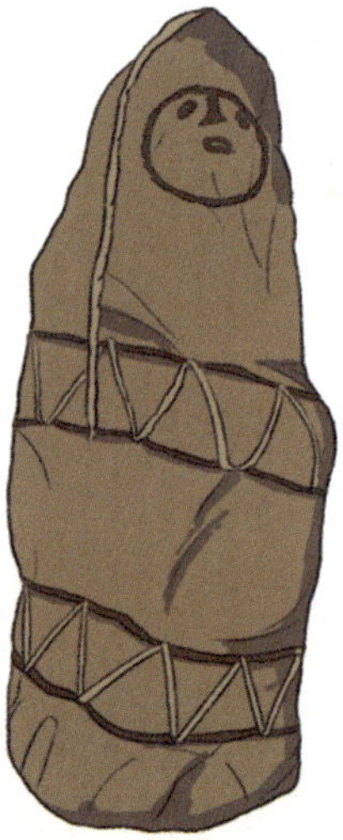

## 印加人也会制作木乃伊

在印加帝国，德高望重的人去世后会被制作成木乃伊。这些木乃伊会被穿上华丽的衣服，接受人们的膜拜。

## “黄金帝国”

印加人具备高超的金属冶炼技术，能开采金、银等金属，并能用其制作精巧的首饰、器具等物品。印加人崇尚黄金，并且大量使用黄金，因此印加帝国也被称作“黄金帝国”。

## 每个月放3天假

印加国王帕查库特克在位期间，设立了法定假期，规定每月放3天假。人们在这3天时间里可以休息娱乐，农村的居民也可以进城参加集会。

## 结绳记事

大部分学者认为，印加人并没有文字来记录他们的文明，而是用棉线、羊驼毛等编成的绳结来记事。印加人根据绳子的颜色，以及绳结的形状、大小和位置来区分不同的事件。学者表示，褐色的绳子代表马铃薯，白色的代表银，黄色的代表金，等等。

◀ 刻有太阳神因蒂形象的工艺品

## 来自西班牙的印加国王

在印加帝国灭亡后的数十年里，出现了一个名叫佩德罗·博霍尔克斯的奇人。他本是西班牙的一个平民，后来去了南美洲。在那里，他谎称自己有着印加皇室的血统，在一个山谷里当上了印加国王并率领当地的印第安人反抗西班牙殖民者。不过，他的反抗以失败告终，最后被西班牙殖民者处死。

## “太阳之子”

印加人非常崇拜太阳，自认为是太阳的后代。“印加”是他们最高统治者的尊号，它的含义就是“太阳之子”。

## 用玉米酒抵工资

印加人在庆典上喜欢饮用玉米酒，印加帝国当时还制定了一项政策：印加臣民为国家完成劳役，政府就给他们发玉米酒作为报酬。

## 较为原始的武器

印加军队的士兵数量不少，但他们使用的武器十分落后，包括木棒、石斧、标枪、弓箭，甚至还有弹弓。

# 印加帝国历史大事记

### 公元 15 世纪初

印加人的势力逐渐壮大，印加人此后有了较为准确的历史编年。

### 公元 1438 年

帕查库特克继位，王国发展为印加帝国。

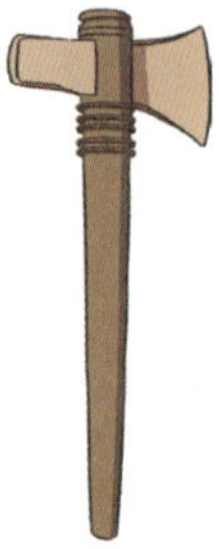

### 公元 1471 年

托帕·印加·尤潘基继位，率领印加人征服了奇穆文化地区（位于今天的厄瓜多尔）。

### 公元 1493 年

瓦纳伊·卡帕克继位。他在位时，帝国的领土大大扩张，印加帝国达到了鼎盛时期。

（印加帝国的黄金工艺品）

## 美洲大陆的原住民▶

在西方殖民者到来之前，美洲大陆上居住着很多部落，其中的代表有印加人、玛雅人、易洛魁人、苏族人等。除因纽特人之外的所有原住民被统称为“印第安人”。

印加人

玛雅人

（阿塔瓦尔帕）

**公元 1533 年**

西班牙殖民者皮萨罗处死了印加皇帝阿塔瓦尔帕，随后立曼科·印加·尤潘基为王。

**公元 1572 年**

虽然不断有人起义反抗西班牙殖民者，但印加帝国仍然于 1572 年灭亡。

**公元 1531 年**

瓦纳伊·卡帕克死后，他的两个儿子为争夺王位发生了内战。最终弟弟阿塔瓦尔帕获得了胜利。

（皮萨罗）

**公元 1537 年**

曼科·印加·尤潘基不甘心当傀儡王，组织约 20 万印第安人反击，但未成功。

易洛魁人

苏族人

# 莫斯科

圣母领报大教堂初建于15世纪，常用于举行沙皇登基仪式。

伊凡大帝钟楼于1600年建成，在伊凡四世在位时期是莫斯科最高的建筑，是当时沙皇权力的象征。

瓦西里升天教堂位于红场，是莫斯科的标志性建筑之一。

莫斯科横跨莫斯科河和亚乌扎河两岸。20世纪，运河的建成使这里的船舶可以通过水路到达波罗的海、白海、黑海、里海和亚速海，因此莫斯科成了著名的“五海之港”。

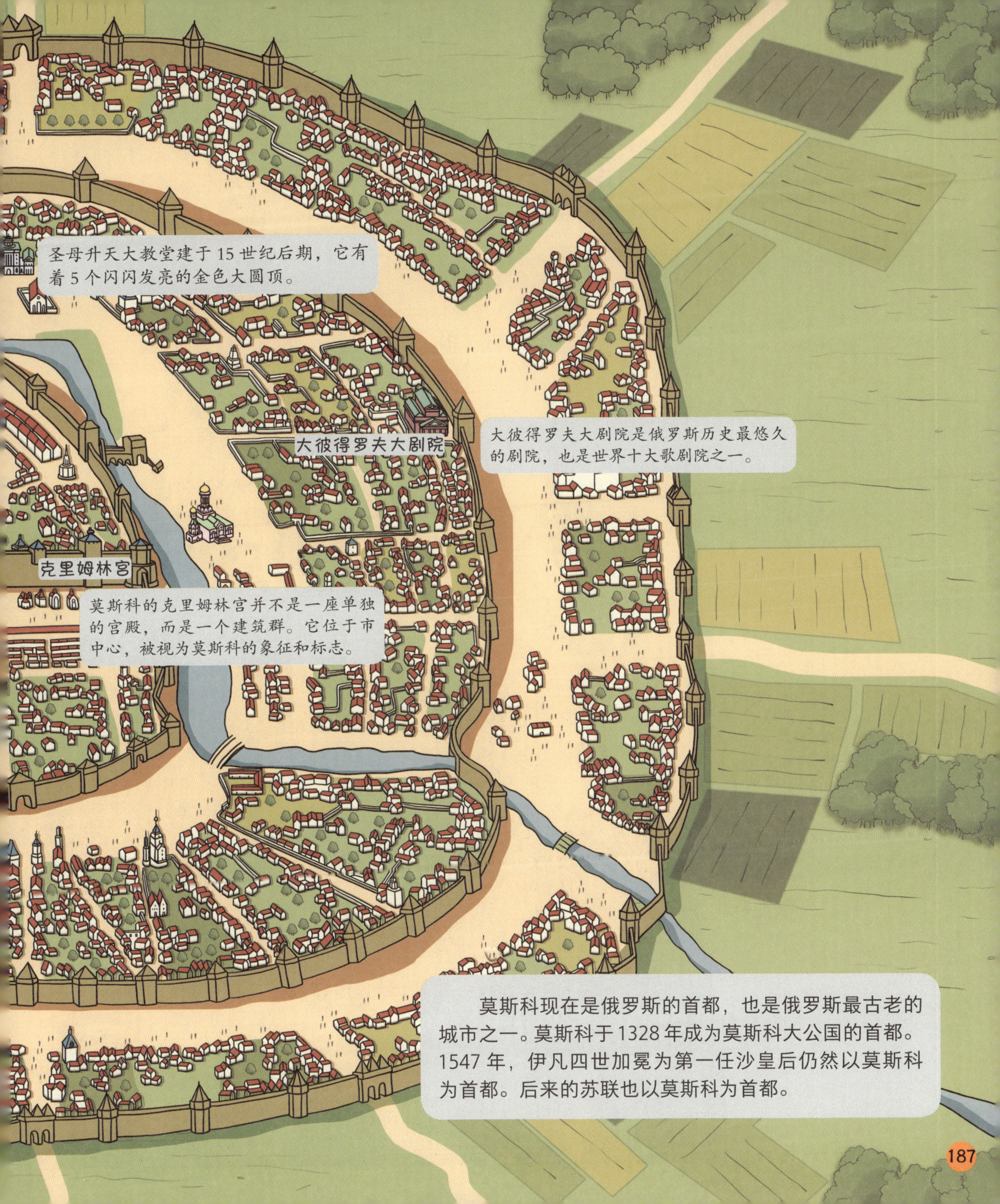


莫斯科现在是俄罗斯的首都，也是俄罗斯最古老的城市之一。莫斯科于1328年成为莫斯科大公国的首都。1547年，伊凡四世加冕为第一任沙皇后仍然以莫斯科为首都。后来的苏联也以莫斯科为首都。

# 瓦西里升天教堂

瓦西里升天教堂造型独特、色彩鲜艳明快。它体现了 16 世纪俄国的民间建筑艺术风格。

△ 瓦西里升天教堂平面图

瓦西里升天教堂的结构十分独特，它是由 9 座建立在同一基座上的墩式教堂组成的。

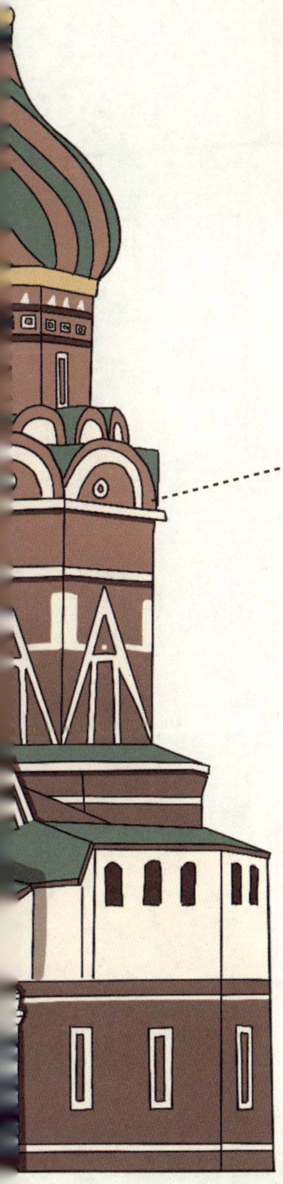

中央的墩式教堂高达 46 米；外圈的墩式教堂 4 座高、4 座矮，给人一种别样的视觉体验。

◁ 瓦西里升天教堂的外观

# 恐怖的伊凡

伊凡四世被人们称为“恐怖的伊凡”。他在 1547 年加冕，成为俄国的首位沙皇。他对俄国专制制度的确立起了重大的作用。同时，他也是一个残暴的专制君主。

伊凡四世是莫斯科大公瓦西里三世的儿子，他在 3 岁时便继承了父亲的位置，在 17 岁时亲政，加冕为“沙皇”。“沙皇”这个称呼源于拉丁语中的“凯撒”（Caesar）。伊凡四世也被称为“伊凡雷帝”或“伊凡大帝”。

1552 年，俄国攻占喀山，为了纪念对喀山汗国战争的胜利，伊凡四世决定建造一座无与伦比的教堂，也就是瓦西里升天教堂。

传说，在瓦西里升天教堂建成之后，伊凡四世残忍地命人弄瞎了建筑师的双眼，如此一来，建筑师就再也建造不出和瓦西里升天教堂一样美丽的建筑了。

# 喀山之战

喀山汗国位于伏尔加河中游，是一个重要的贸易中转站。

1545—1549 年，伊凡四世三次对喀山汗国用兵，均未获得重大进展。

喀山的城墙是木制的，受损时可以使用木材和泥土进行快速修补。

俄国军队装备有重型火炮，这些火炮足以破坏喀山的城墙。

吞并喀山汗国使伊凡四世在国内的威望进一步提高。喀山之战也成了俄罗斯近代史上的重要节点。

1552 年，伊凡四世率领大军，携 150 门大炮，进攻喀山汗国的都城喀山。经过 6 个星期的围攻，俄国军队最终攻下了这座城市，吞并了喀山汗国。

这场战争后没几年，伏尔加河下游的阿斯特拉罕汗国也被俄国吞并。俄国的疆域不断扩张，为俄罗斯变成多民族国家奠定了基础。

### 精致的酒杯

伏特加是俄罗斯的传统酒精饮料，深受俄罗斯人的喜爱。在俄罗斯，盛放伏特加的杯子也十分精美，经常有珐琅装饰。

### 红场

红场位于莫斯科的市中心，美丽的斯巴斯基钟楼等众多知名建筑位于红场附近。红场见证了许多重大的历史事件，也是重要节日时举行群众集会、大型庆典和阅兵活动的地方。在俄语中，“红色”含有“美丽”之意，而“红场”的意思就是“美丽的广场”。

### 列宁与“十月革命”

列宁于1870年出生于俄国一个进步知识分子家庭。他发展了马克思主义，形成了列宁主义理论。1917年11月7日，他领导了一场推翻资产阶级统治、建立无产阶级专政的社会主义革命。这场革命发生在俄历10月，因此被称为“十月革命”。

### 当过泥水匠的彼得大帝

据说，俄国的彼得大帝有次路过一座新建的房屋，听到有人说他只会吹牛，什么事情都是让别人去做，彼得大帝便顺着脚手架爬上屋顶，干了一天抹灰泥的工作，最后还赢得了泥水匠们的一致称赞。

### 俄罗斯套娃

俄罗斯套娃是具有俄罗斯民族特色的一种工艺品，一般由7~8个木制娃娃组成，一个套着一个，十分可爱。娃娃底部平坦，可以直立。俄罗斯套娃最常见的形象，是一个穿着俄罗斯民族服装的姑娘，叫“玛特罗什卡”。

### 花布城市

“十月革命”以前，莫斯科以发达的纺织工业而闻名，在城内数百家工厂中，纺织工厂占了一半以上。莫斯科生产的纺织品精致华丽，受到世界各地消费者的喜爱，莫斯科也被誉为“花布城市”。

▲ 民间乐器巴拉莱卡琴

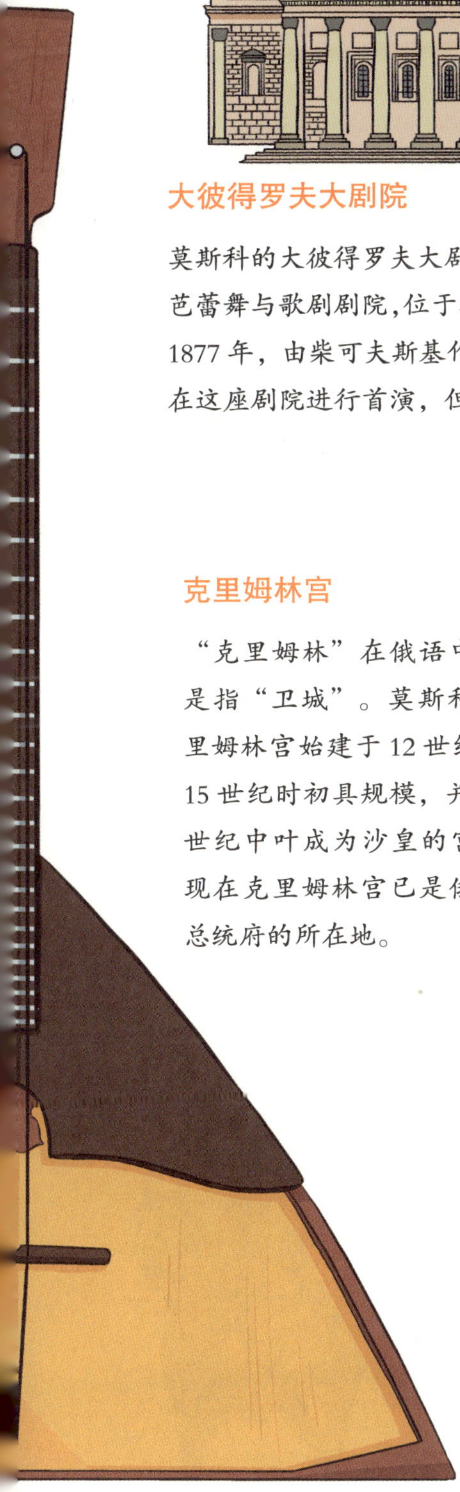

## 大彼得罗夫大剧院

莫斯科的大彼得罗夫大剧院至今仍是俄罗斯有名的芭蕾舞与歌剧剧院,位于莫斯科市中心的剧院广场。1877 年，由柴可夫斯基作曲的芭蕾舞剧《天鹅湖》在这座剧院进行首演，但反响一般。

## 俄罗斯茶炊

茶炊是一种诞生于俄罗斯的金属制烧水壶，是俄罗斯茶文化的重要组成部分。茶炊的造型多种多样，有的茶炊十分便于携带，是爱茶的俄罗斯人外出旅行、郊游时不可或缺的物品。

## 克里姆林宫

“克里姆林”在俄语中本来是指“卫城”。莫斯科的克里姆林宫始建于 12 世纪，在 15 世纪时初具规模，并在 16 世纪中叶成为沙皇的宫堡。现在克里姆林宫已是俄罗斯总统府的所在地。

## 被冠以“大帝”之名的女皇

叶卡捷琳娜二世是俄罗斯历史上唯一一位被冠以“大帝”之名的女皇。她在位期间，国家成为欧洲强国。在 1789 年法国大革命爆发后，她乘机拉拢欧洲各国，组织反法联盟，在俄国历史上开创了干涉欧洲革命的先例。

## 最高级别的迎宾礼

在 9—11 世纪的俄罗斯，盐极其短缺，价格也十分昂贵，逐渐被视为一种神圣的食物，用面包蘸一点盐去招待客人，就是表达对客人最热烈的欢迎。如今，这种传统风俗已经演变成了俄罗斯最高级别的迎宾礼。

# 俄罗斯历史大事记

**公元 1147 年**

莫斯科建城。

**公元 1547 年**

莫斯科大公伊凡四世加冕为沙皇，成为俄罗斯历史上的第一位沙皇。

（沙皇王冠）

**公元 1721 年**

沙皇彼得一世被枢密院授予“大帝”称号，俄国进入帝国时期。

**公元 1812 年**

拿破仑率领约 60 万大军入侵俄国，最终败北。

## 哥萨克骑兵 ▶

15—17 世纪，为逃避农奴制压迫，许多农奴和城市贫民逃到了人烟稀少的大草原上谋生，他们自称“哥萨克”，意为“自由人”。他们不受沙皇管辖，并组成了军队。16 世纪起，哥萨克替沙皇政府镇守边疆，并获得了一定的俸禄和土地。18 世纪，他们成了俄国特殊的军人阶层。第一次世界大战爆发时，俄国拥有 12 支哥萨克军队，人数达到 30 万。

**公元 1853 年**

为了争夺一些地区的控制权，俄国与英、法等国发生战争，史称“克里米亚战争”。战后，俄国的国际地位大为下降。

**公元 1861 年**

沙皇亚历山大二世宣布废除农奴制，接着进行了一系列改革。俄国从封建君主制向资产阶级君主制转变。

**公元 1917 年**

“十月革命”爆发，它推翻了资产阶级临时政府，产生了世界上第一个无产阶级专政的国家。5 年后，社会主义国家苏联诞生了。

**公元 1991 年**

苏联解体后，俄罗斯联邦成为完全独立的国家。

# 阿姆斯特丹

17 世纪，阿姆斯特丹的港口商船云集，前往美洲、非洲以及亚洲的船队停泊在这里，船只数量经常可达到 2 000 艘。

贝居安会院始建于中世纪，具体修建时间不明。这里有阿姆斯特丹最古老的庭院。

1602 年，荷兰共和国政府赞助成立了荷兰东印度公司。此时正处于欧洲的大航海时代，欧洲各国商船出现在世界各地的海面上。

老教堂修建在公墓之上，整座教堂的地面都是用墓碑铺砌而成的。

由于阿姆斯特丹发展迅速，人们开始修建运河，排干沼泽地的水，然后填平沼泽地来增加土地面积。

阿姆斯特丹于1296年建市。1581年，荷兰共和国成立，荷兰进入黄金时代，阿姆斯特丹逐渐成为世界上最重要的港口之一。如今，阿姆斯特丹仍是荷兰的首都。

# 阿姆斯特丹王宫

阿姆斯特丹王宫始建于 1648 年，最初是作为市政厅使用，后来在拿破仑占领荷兰后改名为阿姆斯特丹王宫。

荷兰巴洛克式建筑风格是荷兰 17 世纪时蓬勃发展的一种建筑风格，这种建筑一般有柱廊以及精美的装饰。

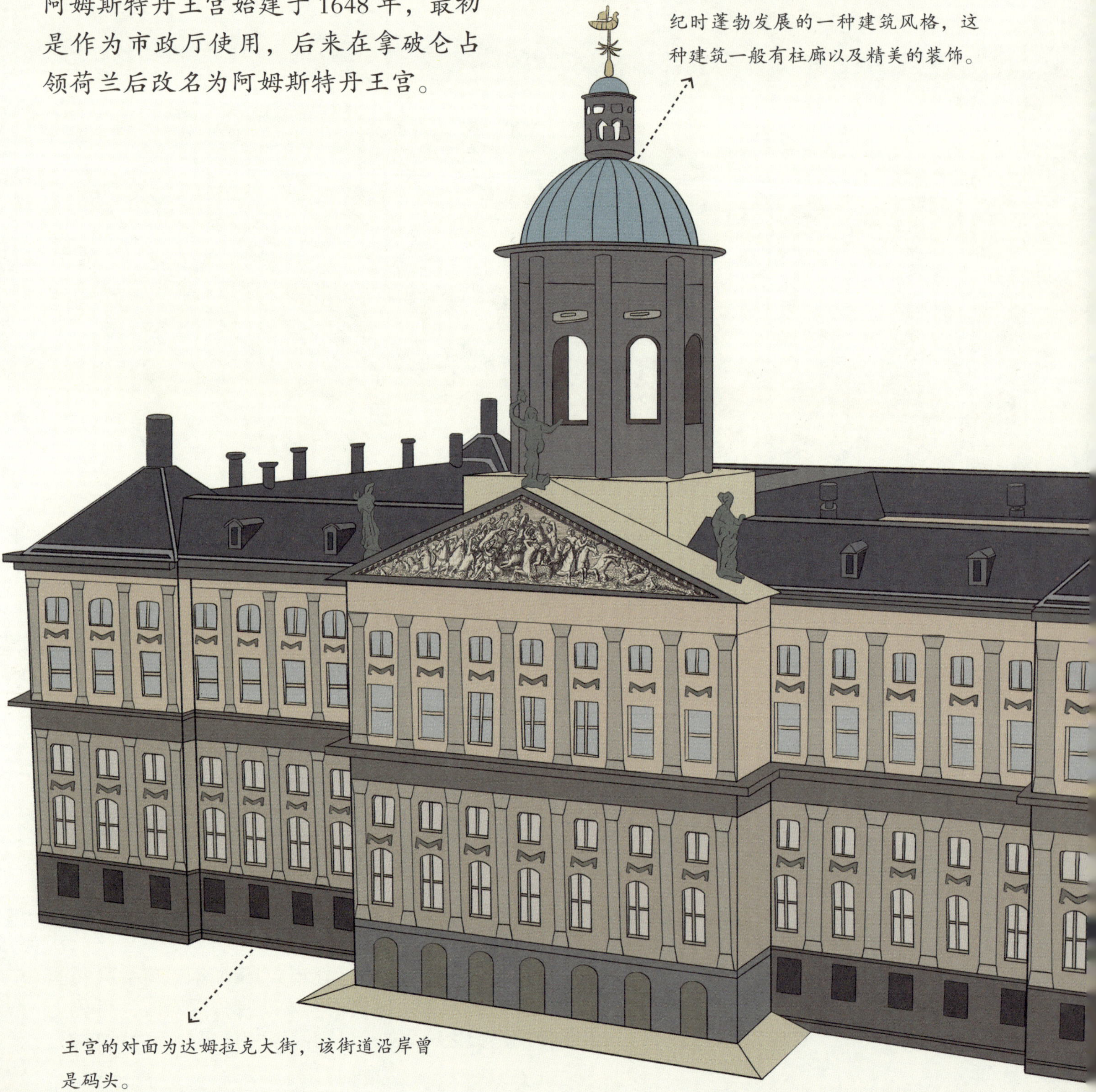

王宫的对面为达姆拉克大街，该街道沿岸曾是码头。

△ 阿姆斯特丹王宫俯瞰图

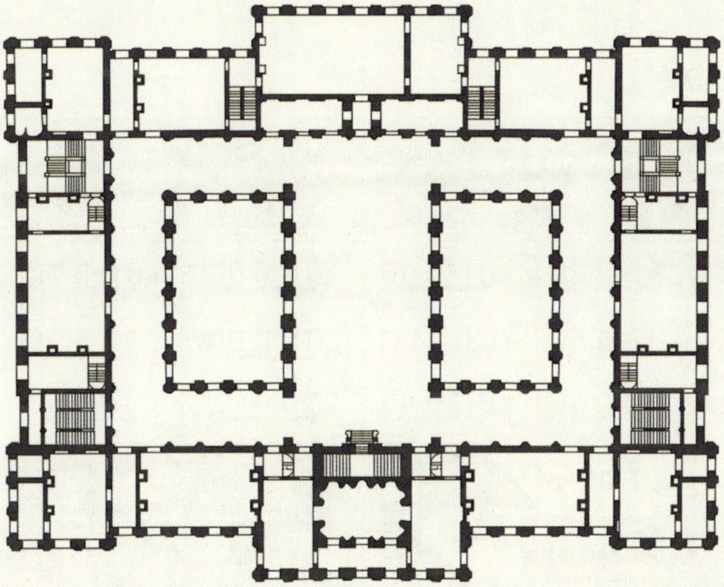

△ 阿姆斯特丹王宫平面图

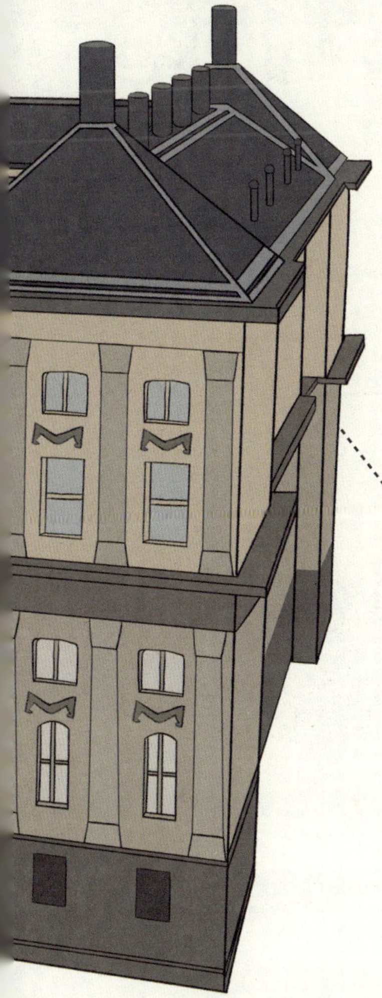

整个建筑修建在约 13 000 根木桩所支撑的地基之上。王宫的内部装饰华丽考究，墙壁和天花板上的绘画不计其数，大部分都是由著名画家绘制的，例如伦勃朗的学生霍弗特·弗林克。

## 市政厅变成了王宫

阿姆斯特丹最初其实是阿姆斯特尔河河畔的一个小渔村，随着荷兰贸易的不断发展和殖民扩张，它逐渐成为荷兰的重要港口和商业城市。

1648 年，西班牙被迫签订了《威斯特伐利亚和约》，承认了荷兰的独立地位，荷兰共和国正式得到承认。这一年，阿姆斯特丹的新市政厅开始建造，最终于 1655 年竣工。

1806 年，拿破仑迫使荷兰成为法国的附属国，建立了荷兰王国，阿姆斯特丹的市政厅也成了拿破仑之弟路易·波拿巴的王宫。1813 年，拿破仑失势，王宫被荷兰王族奥兰治家族接管。如今，荷兰国王仍然是这座王宫的主人，只是这里已不再是国王的住所，只有在举行重要活动时，国王才会来到这里。

# 荷兰造船厂

1581年，荷兰共和国成立。之后，荷兰的工商业、航运业迅速发展。

17世纪，荷兰的造船业尤为发达，造出的船物美价廉，很多国家都向荷兰购买船只。连俄国的彼得大帝都曾打扮成工匠来荷兰学习造船技术。

荷兰人建造的船大多为简易的“大肚子船”，这种船可以用来装更多的货物。此外，他们还有一种“武装商船”，这种船非常坚固，装有火炮，可以有效地应对海盗袭击，起到防御作用。

16 世纪末，荷兰海军击败了西班牙海军，荷兰的商船队在海外成立了荷兰东印度公司和荷兰西印度公司。

当时的荷兰船厂众多，造船的效率也非常高。一旦船体造成，工人只需要几个小时就能把其他零部件全都装好。

到了 17 世纪中叶，荷兰已经成为著名的商业强国和海上强国。

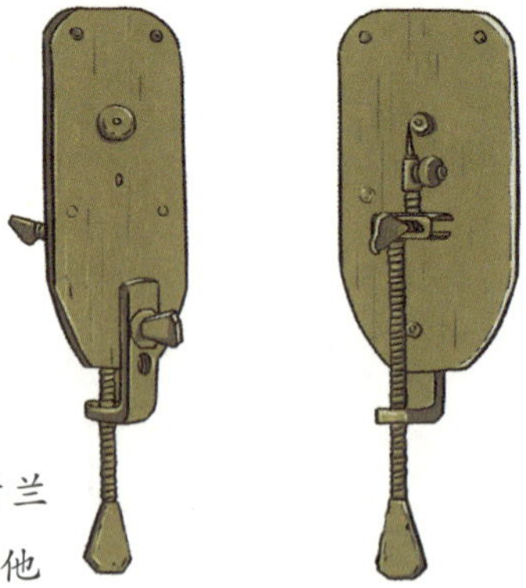

## 荷兰历史上最伟大的画家

伦勃朗生于1606年，被称为“荷兰历史上最伟大的画家”。他画技高超，笔下人物栩栩如生，许多著名的荷兰画家都出自他的门下。伦勃朗对光影的处理非常精湛，代表作有《夜巡》。

## 打开微观世界

列文虎克是一名荷兰的亚麻织品商人，他通过自己磨制镜片，制作了放大效果能达到数百倍的显微镜，并观察到了自然界的许多微生物，如细菌。因此，列文虎克也被人们称为“显微镜之父”和“微生物学的开拓者”。

## “东倒西歪”的房子

阿姆斯特丹的河岸边有很多歪斜的房子，有的向前倾斜，有的左右倾斜。向前倾斜的房子大多是故意这样建的，这样既可保护房子地基免受雨水侵蚀，也为吊运家具提供了空间，避免撞坏墙面和砸碎玻璃。房子左右倾斜多是由地基松软、地表下陷导致的。

## “风车王国”

荷兰是世界闻名的“风车王国”。现在被视为旅游地标的风车，曾用于粮食加工、木材加工和排水造田等，对荷兰的经济发展起到了重要的作用。在荷兰的黄金时代，锯造船用的木材的工厂就建在风车的下面，利用风来驱动机器运转。

## 世界钻石加工中心

16世纪，随着航运以及贸易的发展，从事钻石加工和贸易的商人陆续搬到了阿姆斯特丹，世界钻石的加工中心也逐渐转移到了阿姆斯特丹。

### 朴素的国菜

1574 年，西班牙军队包围了荷兰莱顿城，当地军民食物短缺，快要弹尽粮绝之时终于等来援军。荷兰人在逃走的西班牙人的营地里发现锅里炖着胡萝卜、马铃薯和洋葱，于是将其吃掉了。数年后，荷兰共和国成立。后来，荷兰人把这道菜称为“国菜”，以示不忘历史。

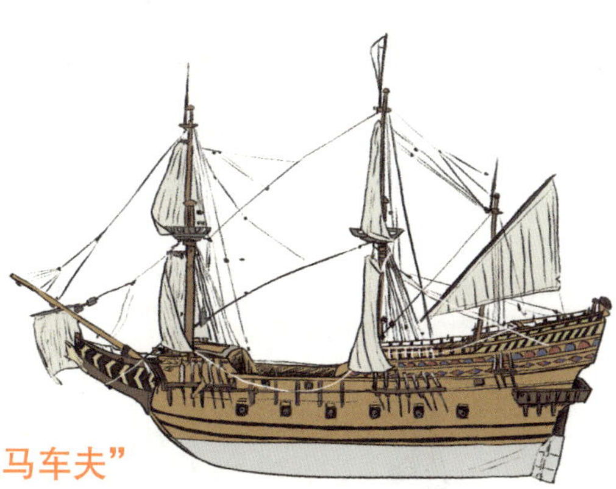

### “海上马车夫”

17 世纪，世界各国贸易的通道主要在海上，船就像陆路上的马车一样重要，荷兰当时拥有的船只数量超过欧洲其他国家拥有船只数量的总和，是名副其实的“海上马车夫”。

### 第一家股份公司

荷兰东印度公司成立于 1602 年，是世界上第一家股份公司。它具有国家职能，能发行货币、招募军队、任命地方官吏，是荷兰向东方进行殖民掠夺和商业垄断的工具，于 1799 年解散。

▲ 荷兰共和国时期的纹章

### 成为英国国王的荷兰人

1688 年，英国发生“光荣革命”，议会决定，废黜当时的国王詹姆士二世，邀请他的女儿及女婿威廉担任国王。威廉夫妇接受了议会提出的要求，这样，本就是荷兰执政的威廉兼任了英国的国王。

### 17 世纪的金融中心

在荷兰东印度公司组建的同一年，世界上第一家股票交易所在阿姆斯特丹成立。当时几乎所有市民都拥有荷兰东印度公司的股票，该公司将收集的资金作为对外扩张的资本。后来，阿姆斯特丹又成立了银行，使得荷兰成了世界金融中心。

### 农业的转型

16—17 世纪，荷兰的农业经历了巨大转型，这种转型的成功取决于专业化的发展。荷兰农民不同于许多其他国家的农民，他们种植农作物更多是为了出售。比如，有的农民会卖掉自己种的小麦，再购买更便宜的黑麦食用。

# 荷兰共和国历史大事记

（尼德兰人修建的防御塔）

**公元 1602 年**

为了避免过度的商业竞争，14 家以东印度贸易为重点的公司合并为一家，即荷兰东印度公司。

**公元 1648 年**

荷兰共和国得到了欧洲其他各国的承认。

**公元 1581 年**

率先摆脱西班牙统治的北方各省和南方部分城市宣布组成尼德兰联合省共和国，即荷兰共和国。但是，反抗西班牙统治的战争并未结束。

**公元 1624 年**

荷兰东印度公司入侵中国台湾。

## 荷兰的风车变迁 ▶

荷兰最早的风车出现在 13 世纪，最初多用于磨面粉，被称为“研磨风车”。15 世纪，荷兰出现了一种洼地风车，它可以给低洼地区排水或调节田地水位，以方便耕种和居住。到了 16—17 世纪，在商业贸易中占重要地位的木材、肉桂、胡椒等纷纷可以通过风车进行加工，对荷兰的经济发展起到了重要作用。

## 公元 1662 年

中国著名将领郑成功率军收复台湾，荷兰侵略者在中国宝岛的势力被驱逐。

## 公元 1674 年

第三次英荷战争结束。战后，荷兰失去了海上霸主地位。

## 公元 1795 年

法国人占领了荷兰共和国，建立起了法国的傀儡国——巴达维亚共和国。荷兰共和国的历史到此结束。

# 德里

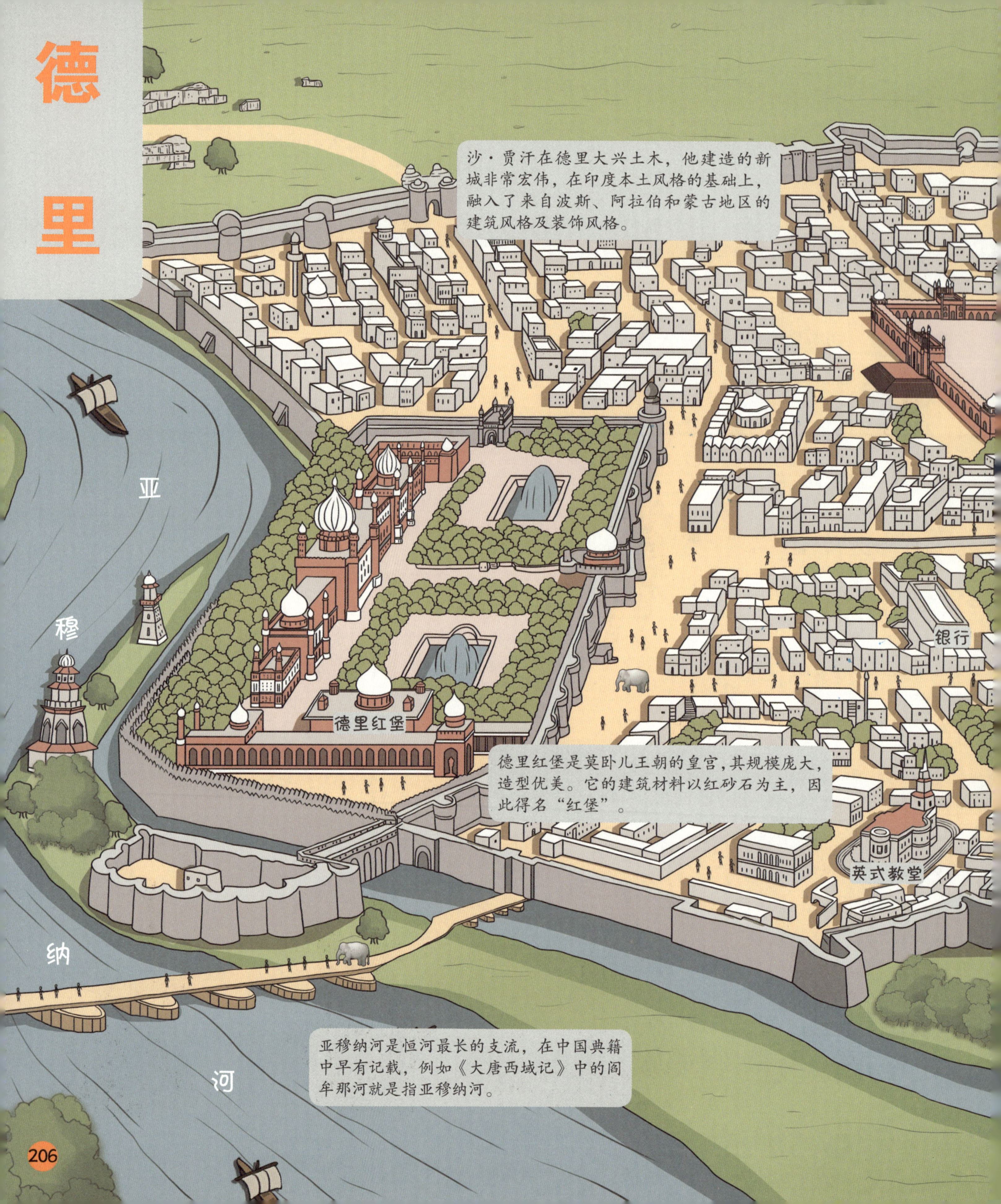


沙·贾汗在德里大兴土木，他建造的新城非常宏伟，在印度本土风格的基础上，融入了来自波斯、阿拉伯和蒙古地区的建筑风格及装饰风格。

德里红堡是莫卧儿王朝的皇宫，其规模庞大，造型优美。它的建筑材料以红砂石为主，因此得名“红堡”。

亚穆纳河是恒河最长的支流，在中国典籍中早有记载，例如《大唐西域记》中的阎牟那河就是指亚穆纳河。

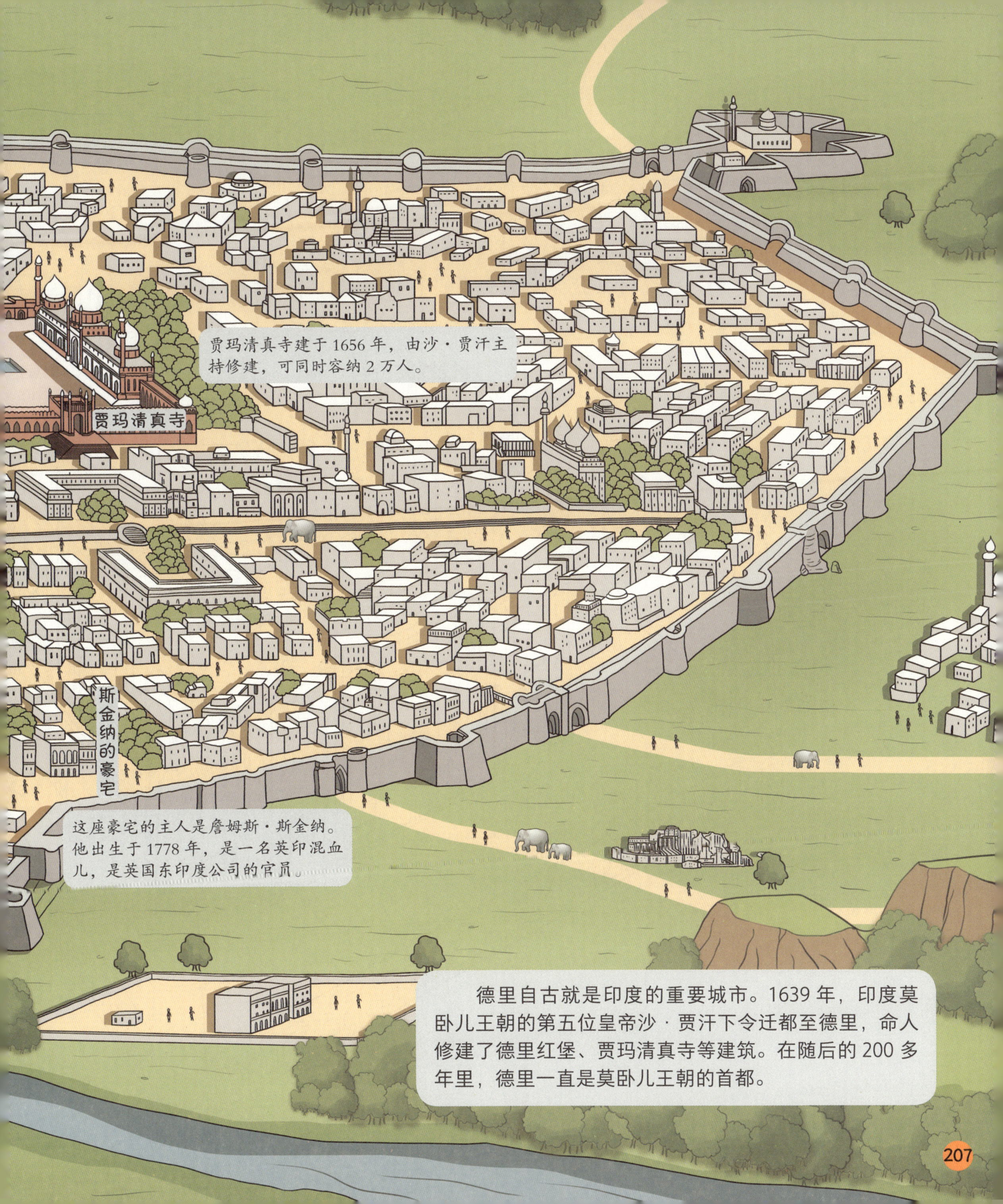


德里自古就是印度的重要城市。1639年，印度莫卧儿王朝的第五位皇帝沙·贾汗下令迁都至德里，命人修建了德里红堡、贾玛清真寺等建筑。在随后的200多年里，德里一直是莫卧儿王朝的首都。

# 泰姬陵

在莫卧儿王朝的黄金时期，沙·贾汗将首都从阿格拉迁到了德里。据说，迁都的原因之一是皇后玛哈尔的去世。沙·贾汗还在阿格拉为其建了一座陵墓，这座陵墓就是举世闻名的泰姬陵。

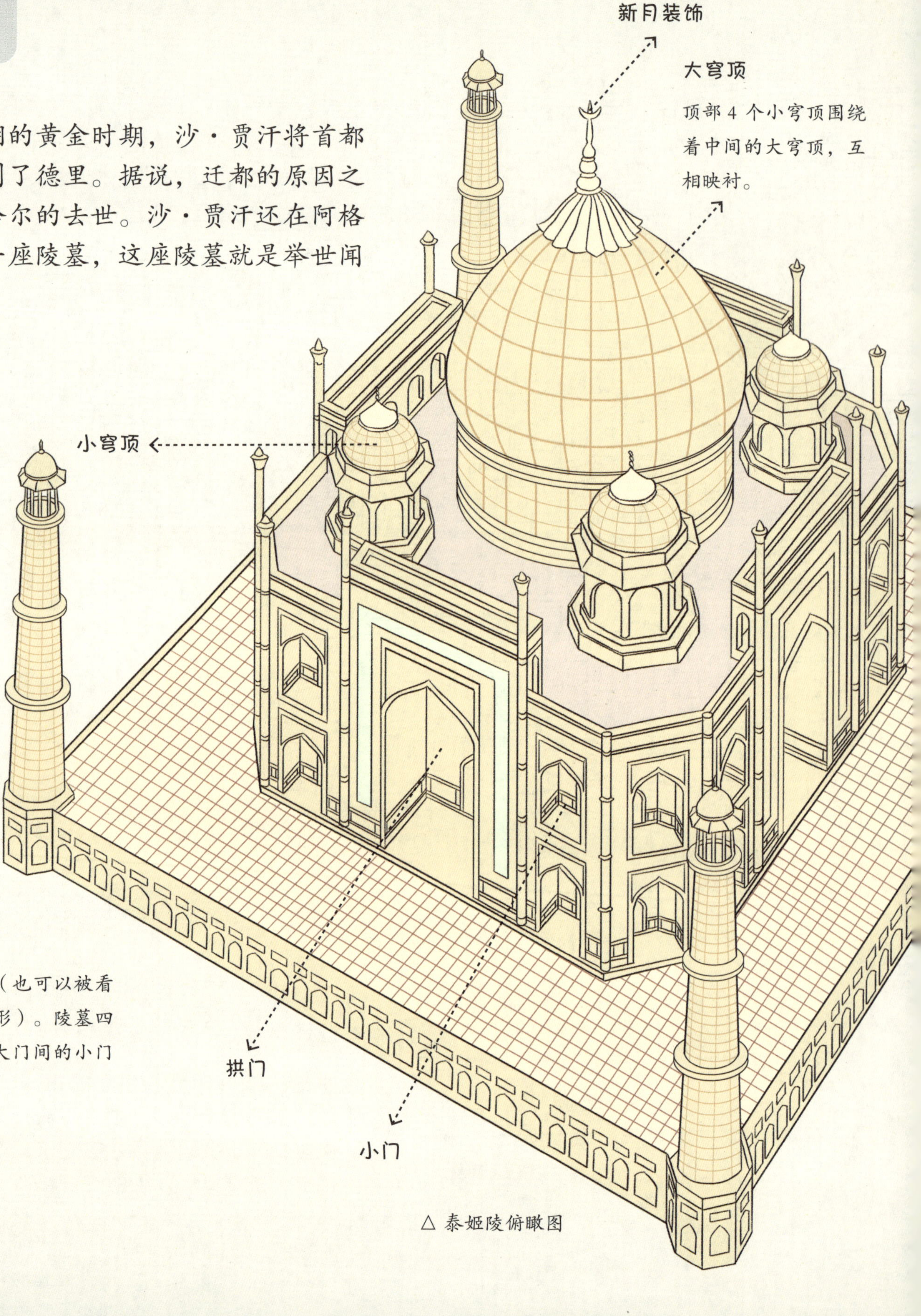


泰姬陵主体呈八角形（也可以被看成四角被削去的正方形）。陵墓四面设有巨大的拱门，大门间的小门共计 24 个。

△ 泰姬陵俯瞰图

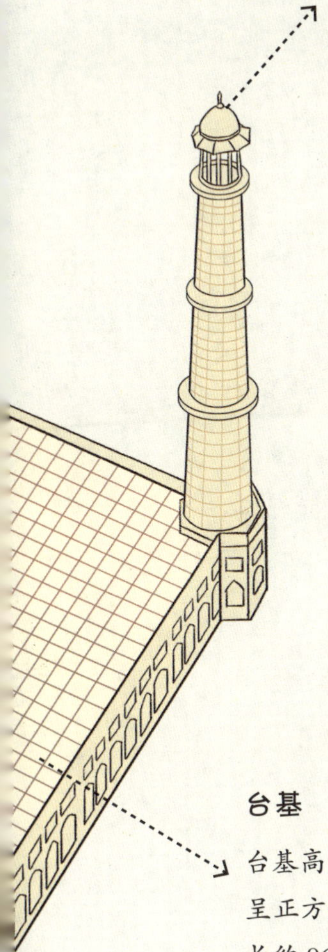

△ 主墓室

## 为爱而生的泰姬陵

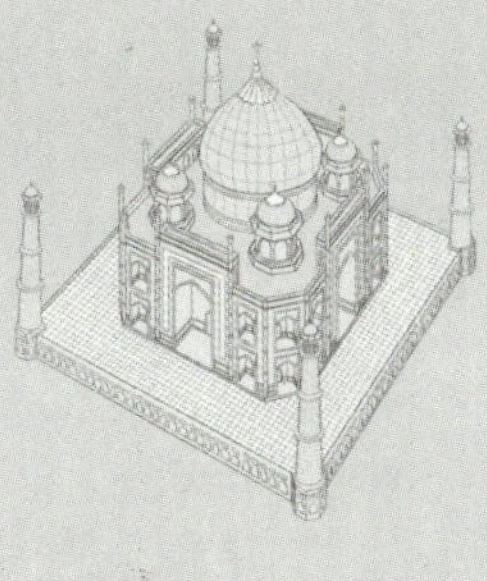

1526 年，莫卧儿王朝在巴布尔的统治下建立了起来。1556 年，莫卧儿王朝进入了皇帝阿克巴的统治时期，之后帝国大兴改革，这些改革让帝国走向兴盛，到 1628 年沙·贾汗继位时，莫卧儿帝国已处在黄金时期。

沙·贾汗深爱自己的皇后玛哈尔。1631 年，沙·贾汗成为皇帝后不久，玛哈尔先行离世，沙·贾汗为此悲痛无比，不惜耗费巨资为皇后修建了一座举世无双的陵墓，即泰姬陵。有一种说法是旧都和王宫里充满了与玛哈尔在一起生活的回忆，让沙·贾汗过于思念皇后，促使他将都城搬往约 200 千米之外的德里。

1983 年，联合国教科文组织将泰姬陵列为世界文化遗产。这一建筑也被公认为世界建筑史上的奇迹之一。

# 宫廷马球比赛

13 世纪时，马球运动传到印度。大约在 19 世纪初，住在印度的英国人也开始学习打马球。现在常见的马球衫（即 Polo 衫）一开始是为住在印度的英国马球俱乐部成员设计的。

马球比赛所用的马匹一般体型较小，行动比较敏捷。

马球运动传入西方世界后，在世界范围内发展了起来。20 世纪初，马球运动曾是奥运会比赛项目。

莫卧儿帝国的第三位皇帝阿克巴很擅长打马球，他常常会和贵族一起打马球。
莫卧儿帝国的王公贵族热衷于马球运动，为了在晚上也能比赛，阿克巴甚至发明了照明球。这种照明球用紫柳木做成，点燃后可用来照明。
在宫廷马球比赛中，如果皇帝进球了，场外的随从就会奏乐以表示祝贺。

## 蒙古人的后裔

巴布尔是莫卧儿帝国的建立者，他的祖先是蒙古人帖木儿。巴布尔本人还是一位优秀的诗人，他写的回忆录至今还是研究印度史的重要资料。

## 钟爱珠宝的统治阶层

莫卧儿帝国的统治阶层热衷于收集各种珠宝。例如，有个皇帝曾收藏了一颗巨钻“光明之山”，不过该钻石后来被切割，被镶嵌在了英国女王的王冠上。

## 无坚不摧的战象部队

莫卧儿帝国有一支令敌人闻风丧胆的战象部队，在作战时，高大威猛的大象可以凭借体型优势冲锋陷阵，对敌人造成巨大威慑。除了投入战场，大象还会用于大型表演、运输重物等。

## 1 小时内准备 100 道菜

莫卧儿皇室生活奢华，阿克巴每天只吃一顿饭，但他没有固定的吃饭时间。据说，在他决定用餐的时候，皇宫的厨房必须在 1 小时内准备 100 道菜。

## 驯豹和狩猎

在莫卧儿帝国时期，许多王公贵族花费巨资驯养猎豹，整个驯豹的过程非常残酷。在外出狩猎时，他们会将猎豹像猎犬一样牵着，发现猎物后，再放出猎豹去捕杀猎物。

## 不容忽视的火炮部队

火炮在莫卧儿帝国的征战过程中发挥着极其重要的作用。有的火炮很重，需要大象才能拉动；有的火炮较轻，可以安装在轮式推车上，由马来拉动。

## 莫卧儿细密画

阿克巴是莫卧儿细密画的奠基人。细密画是一种小型绘画，多用作图书插图、首饰上的装饰图，在宫廷和贵族中颇受欢迎。荷兰画家伦勃朗与沙·贾汗同时代，曾收藏、临摹过莫卧儿细密画作品。

## 远销欧洲的产品

阿克巴于在位期间进行了一系列改革，到他去世时(1605年)，莫卧儿帝国已相当富裕，棉花、纺织品、香料等产品远销欧洲国家。

## 出行也要讲排场

莫卧儿帝国第四位皇帝贾汗吉尔的奢侈生活不局限在皇宫之中，在外出狩猎或行军时，他扎营的地方会被规划出皇帝后宫、音乐厅、谒见大厅、市场等区域，营地的规模就像城镇一样大。此外，还有大批仆人随行，包括工匠、运水夫、火炬手等。

## 来自植物的馈赠：精油

在印度，人们会从天然植物中提炼精油，用精油疗法来调理身体。这样的做法已经有上千年的历史了。关于精油的来历还有一个有趣的故事，传说莫卧儿帝国的皇后努尔·贾汗发现自己的玫瑰洗澡水表面形成了一层金色的油，这种油十分芳香，玫瑰精油便由此被制作出来了。

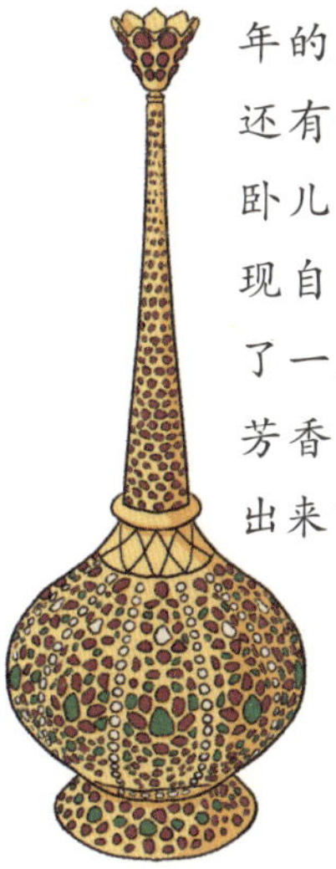

▲ 头盔、盾牌和武器

## 酷爱音乐的国度

在印度社会，音乐受到各个阶层人民的喜爱。西塔尔琴是印度最具代表性的古典乐器，在莫卧儿王朝末期，这种乐器已经开始流行。

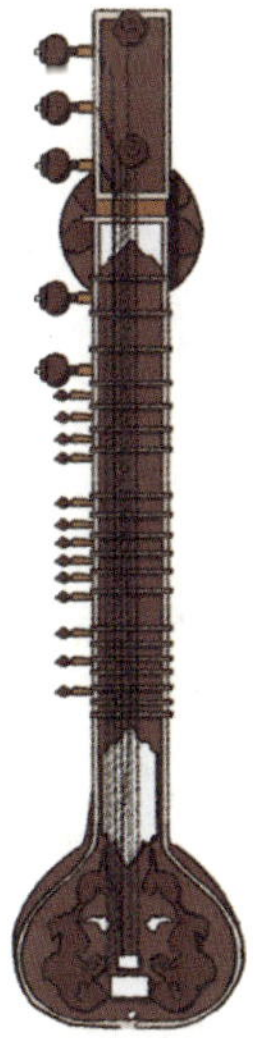

## 来自欧洲的雇佣兵

早在沙·贾汗统治时期，就有欧洲人被雇作炮手和枪手。到了17世纪，越来越多来自英国、荷兰、丹麦等国家的人来到莫卧儿帝国做专职雇佣兵。

# 莫卧儿帝国历史大事记

### 公元 1526 年

巴布尔率军进入印度，击败德里苏丹国大军，建立起了莫卧儿王朝。

### 公元 1556—1605 年

阿克巴在位期间，扩大了帝国版图，有力促进了经济、文化的发展。

（莫卧儿帝国的黄金工艺品）

### 公元 1628—1658 年

沙·贾汗在位的时期被称为“黄金时期”。

### 公元 1658 年

奥朗则布称帝。他在位期间，莫卧儿帝国的疆域扩展到最大。

## 印度神话 ▶

在印度的神话体系中，印度教神话占主要地位。印度教神话的发展又可分为两个阶段：一个是在公元前 1500—前 600 年形成的吠陀神话，包括阿耆尼、阎摩、因陀罗的故事；一个是公元前 600 年之后的史诗与往世书神话，包括梵天、毗湿奴、湿婆的故事。

阿耆尼

（火神）

阎摩

（死亡之神）

## 公元 1685—1689 年

莫卧儿帝国与英国东印度公司爆发战争，这场战争以英国的失败告终。

## 公元 18 世纪初

奥朗则布死后，留下了一个四分五裂、被马拉塔人等强大势力包围的帝国。

（马拉塔人）

## 公元 1849 年

英国吞并旁遮普，莫卧儿帝国完全沦为英国的殖民地。

## 公元 1858 年

印度民族大起义失败后，英国正式接管印度殖民地，莫卧儿帝国就此灭亡。

**因陀罗**

（太空、雷雨之神）

**梵天**

（创造之神）

**毗湿奴**

（保护之神）

**湿婆**

（破坏之神）

# 伦敦

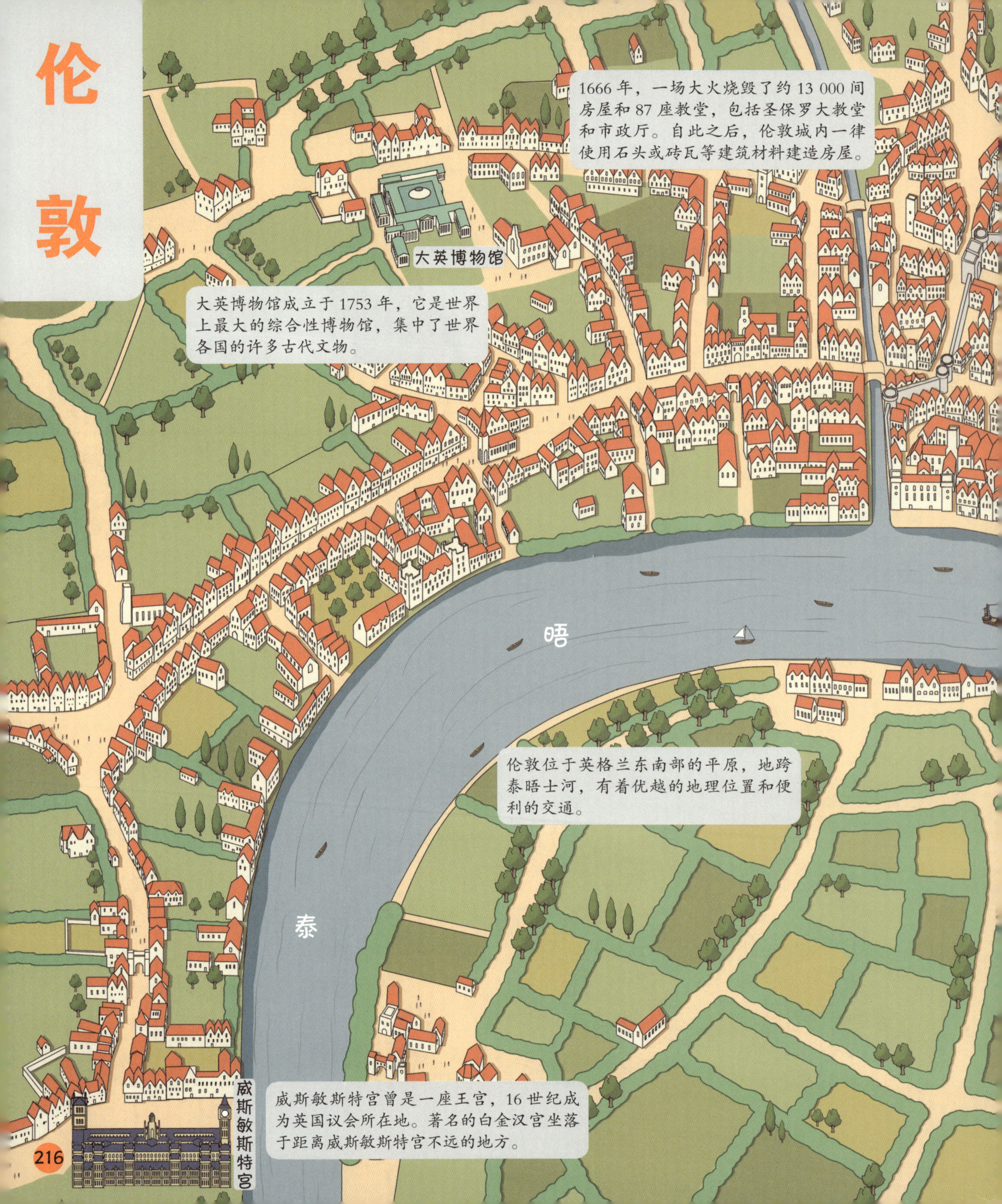


1666 年，一场大火烧毁了约 13 000 间房屋和 87 座教堂，包括圣保罗大教堂和市政厅。自此之后，伦敦城内一律使用石头或砖瓦等建筑材料建造房屋。

大英博物馆成立于 1753 年，它是世界上最大的综合性博物馆，集中了世界各国的许多古代文物。

伦敦位于英格兰东南部的平原，地跨泰晤士河，有着优越的地理位置和便利的交通。

威斯敏斯特宫曾是一座王宫，16 世纪成为英国议会所在地。著名的白金汉宫坐落于距离威斯敏斯特宫不远的地方。

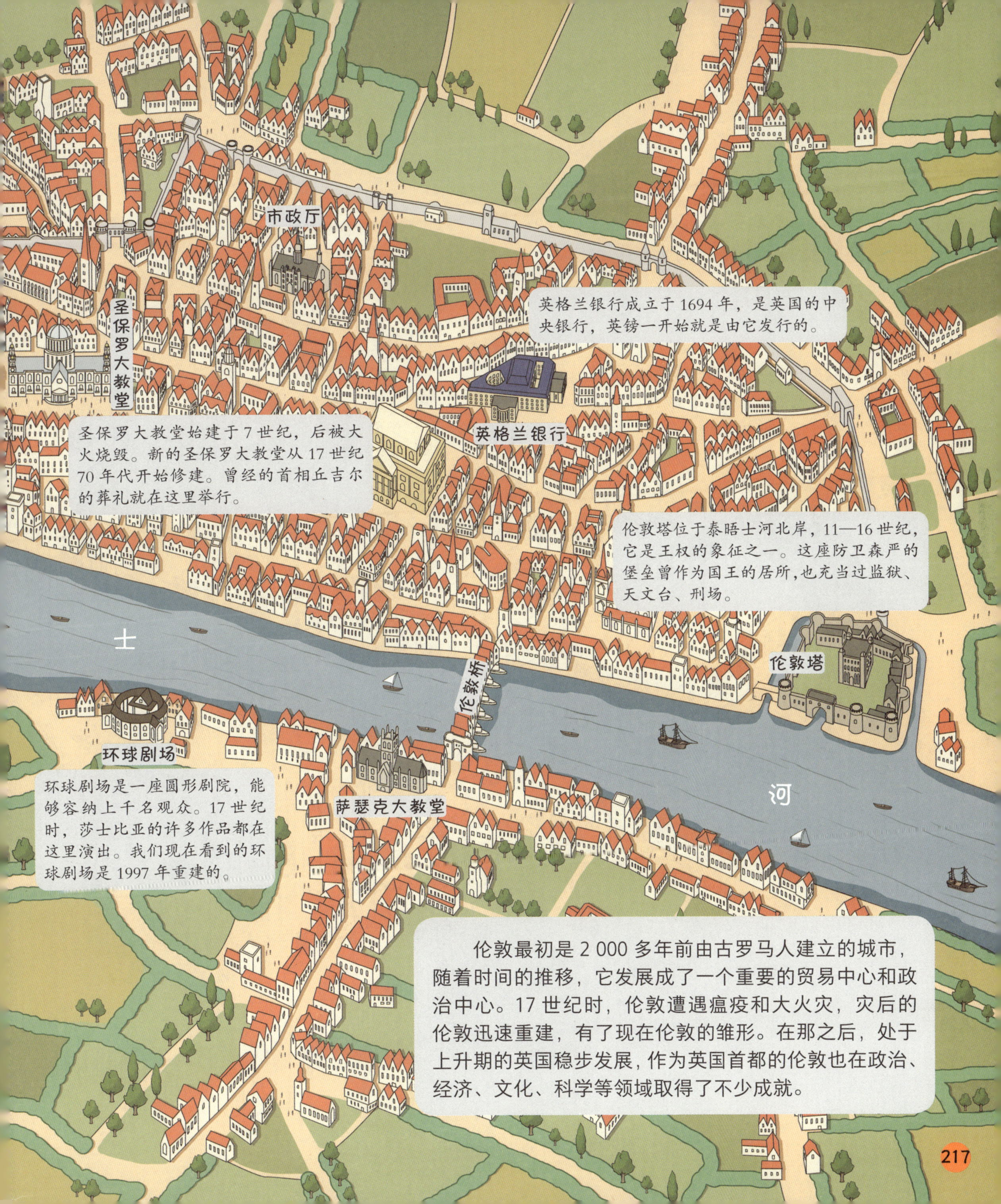


英格兰银行成立于1694年，是英国的中央银行，英镑一开始就是由它发行的。

圣保罗大教堂始建于7世纪，后被大火烧毁。新的圣保罗大教堂从17世纪70年代开始修建。曾经的首相丘吉尔的葬礼就在这里举行。

伦敦塔位于泰晤士河北岸，11—16世纪，它是王权的象征之一。这座防卫森严的堡垒曾作为国王的居所，也充当过监狱、天文台、刑场。

环球剧场是一座圆形剧院，能够容纳上千名观众。17世纪时，莎士比亚的许多作品都在这里演出。我们现在看到的环球剧场是1997年重建的。

伦敦最初是2 000多年前由古罗马人建立的城市，随着时间的推移，它发展成了一个重要的贸易中心和政治中心。17世纪时，伦敦遭遇瘟疫和大火灾，灾后的伦敦迅速重建，有了现在伦敦的雏形。在那之后，处于上升期的英国稳步发展，作为英国首都的伦敦也在政治、经济、文化、科学等领域取得了不少成就。

# 白金汉宫

在过去的100多年里，白金汉宫一直是英国国王的主要寝宫和办公之地，也是英国最知名的地标性建筑之一。

白金汉宫是一座4层建筑，宫内有宴会厅、画廊、音乐厅、典礼厅等700多个房间。

白金汉宫每年都会举行换岗仪式，仪式由身着红色束腰外衣、头戴熊皮帽的皇家卫兵执行。换岗仪式每次都能吸引许多游客观看。

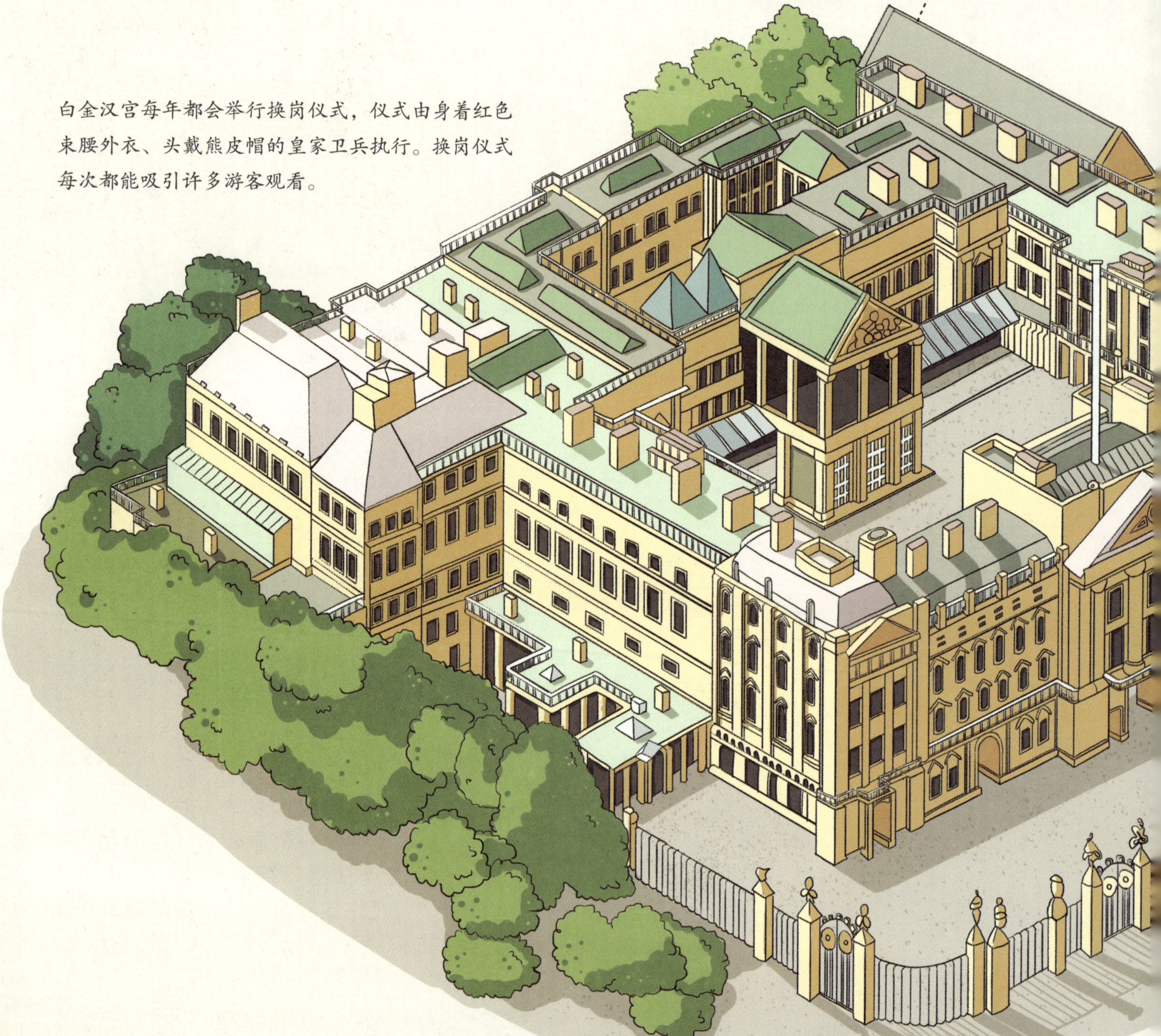

伊丽莎白塔俗称“大本钟”，是伦敦的标志性建筑之一。它是威斯敏斯特宫的附属建筑，和白金汉宫相隔不远。从1859年起，大本钟就在为伦敦人报时。

△ 伊丽莎白塔

王宫正门前面的广场中，摆放了一座维多利亚女王纪念碑。

△ 白金汉宫俯瞰图

## 王宫的由来

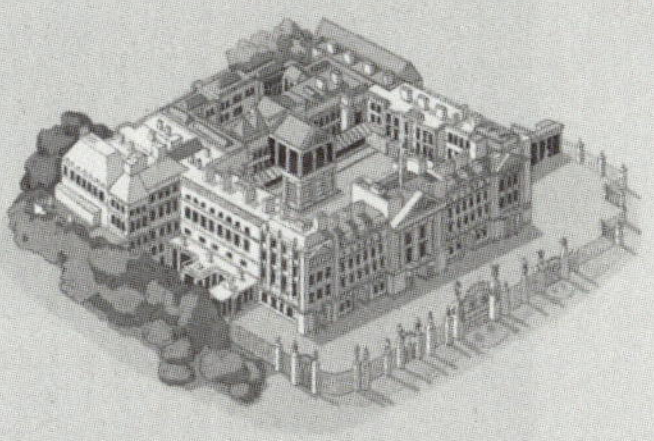

18 世纪，第一次工业革命首先发生在欧洲的一个岛国——英国，这让本就已经跻身欧洲列强的英国变得更加强大，造就了殖民地遍布世界的“日不落帝国”。

1837 年维多利亚女王登基后，白金汉宫成为英国君主的正式住所。白金汉宫是国王召见首相、大臣，举行国家庆典等重要活动，接待和宴请外宾的地点。

可实际上，白金汉宫最初不是作为王宫修建起来的。1703 年，英国的白金汉公爵约翰 · 谢菲尔德开始兴建白金汉宫，将它作为自己的府邸。1761 年，国王乔治三世花大价钱为王后买下了这座私人府邸，改名王后宫。后来，这座宫殿经过一系列改建和扩建，规模大大增加。自维多利亚女王登基后，英国的历代君王就都居住在白金汉宫中了。

# 女王的加冕典礼

维多利亚女王是大不列颠及爱尔兰联合王国女王，后来又加冕为印度女皇，是迄今为止英国历史上在位时间第二长的君主。

向女王表示祝贺的贵族手持佩剑，佩剑象征着他们的荣誉。

1838 年 6 月 28 日，年仅 19 岁的维多利亚女王从白金汉宫出发，在威斯敏斯特教堂进行加冕。

在维多利亚女王的统治时期（1837—1901），英国进入经济和文化发展的全盛时期，版图大幅扩张。
这场加冕典礼进行了约 5 小时，中间出现了一些有趣的小插曲：大主教给维多利亚女王戴加冕戒指时戴错了手指；女王在仪式进行过程中被告知仪式已经结束了……
在维多利亚时期，涌现出了很多文学巨匠，例如查尔斯·狄更斯、勃朗特三姐妹、柯南·道尔。

## 现代足球运动的发源地

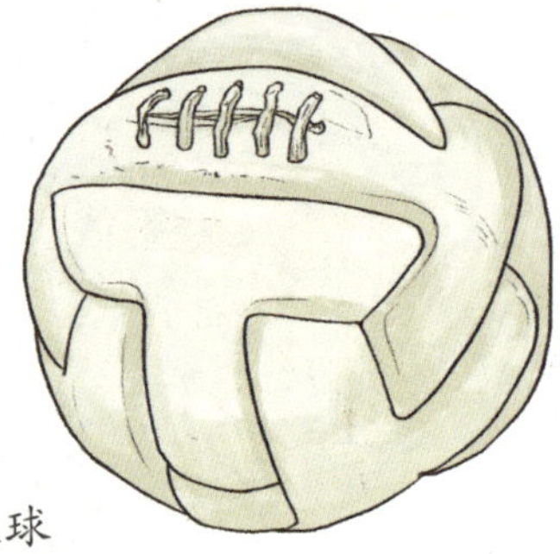

现代足球运动起源于英国。1857年，英国成立了第一个足球俱乐部——谢菲尔德足球俱乐部。1863年10月26日，英格兰足球协会成立，并制定了世界上首个足球运动规则，这一天被视为现代足球的诞生日。

## “日不落帝国”

19世纪的英国是世界上最大的殖民帝国，在除南极洲以外的各大洲拥有众多殖民地。当时，在英国的领土上永远有太阳照射之地，所以英国也被称为“日不落帝国”。

## “欧洲祖母”

维多利亚女王的子女和孙辈先后与欧洲各国的王室成员进行联姻，所以维多利亚女王又被称为“欧洲祖母”。从这一角度来看，第一次世界大战最初是在欧洲亲戚们之间打起来的。

## 用鸦片打开中国市场

19世纪初，英国竭力向中国推销工业产品。当时，中国的茶叶、丝绸、瓷器等奢侈品在欧洲很受欢迎，英国的羊毛、呢绒等工业制品却不受中国人的青睐。英国人急于打开中国市场，采取了卑劣的手段，非法向中国大规模倾销鸦片这一毒品，损害了众多吸食者的健康，造成中国大量白银外流。

## 福尔摩斯的塑造者

英国侦探小说家柯南·道尔的代表作是《福尔摩斯探案集》，他成功塑造了广为人知的侦探夏洛克·福尔摩斯这一角色，被视为“英国侦探小说之父”。

## 没有实际权力的国王

在发生“光荣革命”后的第二年，议会通过了《权利法案》，以限制国王的权力。此后，议会的权力逐渐超过了国王，国王只是象征性的国家元首，而议会成了英国的最高国家权力机关。

## 工人阶级有力量

随着工业革命的发展，工厂和工场开始兴起，工人的生活非常艰苦，他们必须长时间劳动，忍受低工资和恶劣的工作条件。英国政府并没有为工人提供任何形式的社会保障，于是工人开始组织起来，维护自己的利益和权益。1836—1848 年，英国工人掀起了宪章运动。

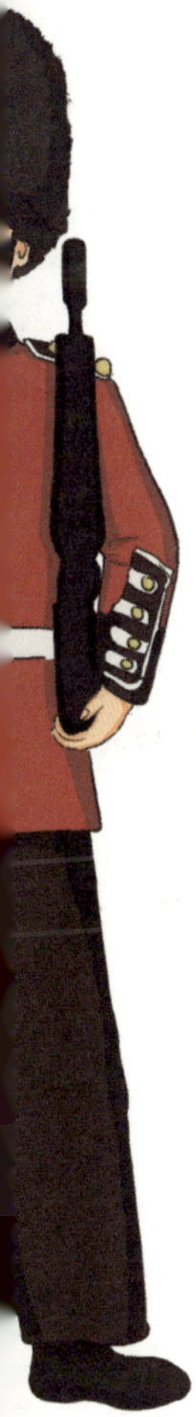

▲ 英国皇家卫兵

## “提灯女神”

英国护士南丁格尔是现代护理专业的创始人。在 1853—1856 年的克里米亚战争期间，她极力争取在战地后方建立医院，并且带领护士们去战地医院护理伤员，每天晚上她都会手执风灯在病房巡视，因此，病人们亲切地称她为“提灯女神”。

## 爱喝茶的英国人

随着欧洲与东方的贸易往来不断增多，茶叶作为奢侈品被引入英国。在英国国王查理二世的王后凯瑟琳将喝茶的习惯带到了王室后，喝茶被当作一种优雅的生活方式在英国上层社会中流行了起来。到了 18 世纪，喝茶已经是英国人日常生活的一部分。

## 交通大变革

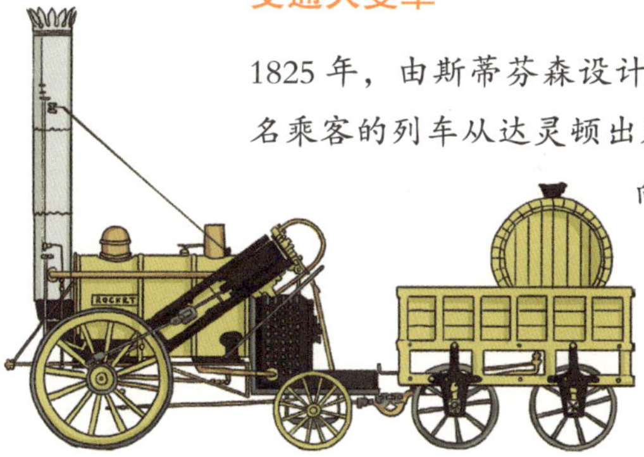

1825 年，由斯蒂芬森设计的蒸汽机车牵引着载了 500 多名乘客的列车从达灵顿出发，以每小时 25 千米的速度驶向了斯托克顿。这是人类历史上第一列用蒸汽机车牵引、在铁路上行驶的旅客列车。1830 年，斯蒂芬森和他的儿子共同设计了火箭号机车，将速度提升到了每小时 47 千米。

## 开创新时代的蒸汽机

18 世纪末，英国发明家瓦特通过不断地改良蒸汽机，使蒸汽机的效率大为提升，让它在采矿、冶金等领域得到广泛的运用，极大地推进了社会生产力的发展。

# 英国历史大事记

（英国国王詹姆士二世）

### 公元 1688 年

英国爆发“光荣革命”，议会决定废黜詹姆士二世。“光荣革命”之后，英国逐渐确立了君主立宪政体。

### 公元 1694 年

英格兰银行成立，它成了英国的中央银行。

### 公元 1756 年

“七年战争”开始。战后，英国赢得了海上及殖民地的霸权，为日后建立庞大的殖民帝国奠定了基础。

### 18 世纪 60 年代

第一次工业革命在英国发生，英国的工业生产迅速发展，进入了新时代。

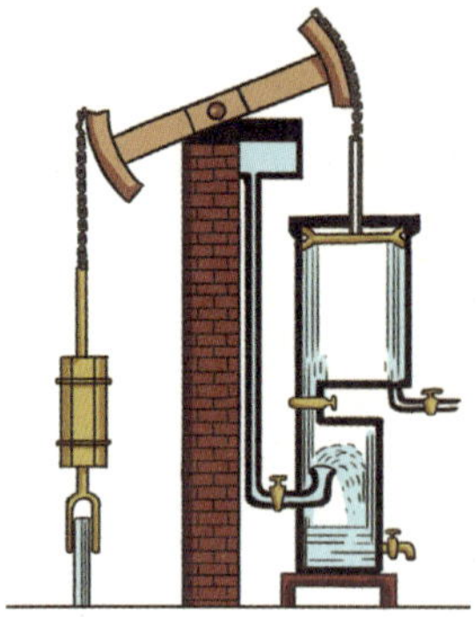

## 18世纪中叶的伦敦桥梁 ▶

被泰晤士河蜿蜒穿过的伦敦，是一座充满历史和文化底蕴的城市。现在，伦敦共有 30 多座桥建立在泰晤士河上，其中许多桥都有着悠久的历史，比如著名的伦敦桥、黑衣修士桥、威斯敏斯特桥，它们在很久以前就为人们服务，右侧是它们在 18 世纪中叶时的样子。

伦敦桥

## 公元 1801 年

爱尔兰并入英国，英国的正式国名成为“大不列颠及爱尔兰联合王国”（国名于 20 世纪 20 年代变更为“大不列颠及北爱尔兰联合王国”）。

## 公元 1840 年

英国政府以林则徐虎门销烟为借口，发动鸦片战争，这是一场非正义的侵略战争。

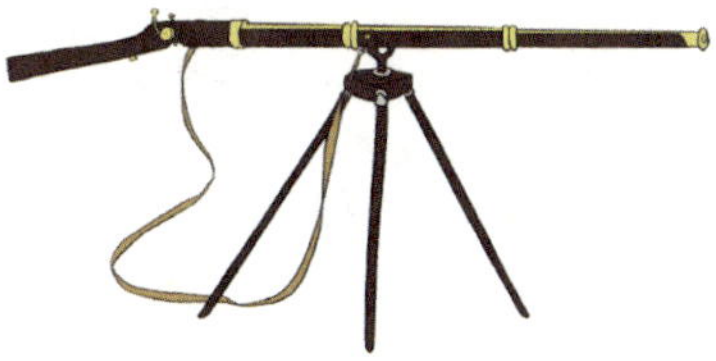

## 公元 1877 年

维多利亚女王以继承莫卧儿王朝的法统为名，正式加冕为印度女皇，这宣告了“大英帝国”名义上的诞生。

## 公元 1918 年

第一次世界大战结束，英国的经济、国际地位受到重创，开始走向衰落。

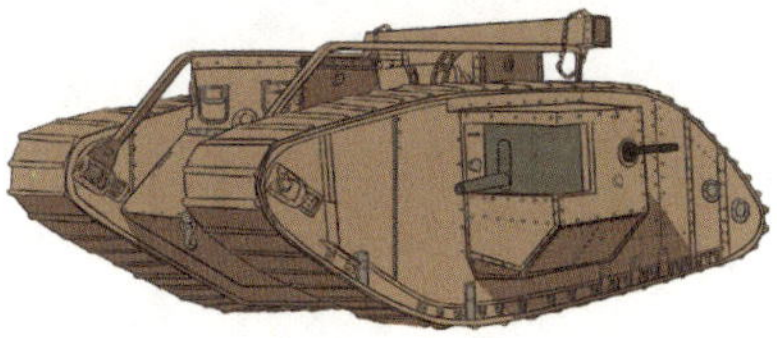

（第一次世界大战时期的英国坦克）

黑衣修士桥

威斯敏斯特桥

# 纽约

纽约地处哈得孙河河口，核心城区在曼哈顿岛上，这里的文化地标比比皆是。
哈
得
孙
河
熨斗大厦的平面呈三角形，在1902年竣工，是当时纽约最高的大楼之一。
熨斗大厦
大都会人寿保险大楼
曼哈顿市政大楼
曼哈顿市政大楼竣工于1914年，是世界上最大的政府建筑之一，它的完工标志着纽约城市美化运动的结束。

纽约建城于17世纪，它位于美国东北部海岸。1789年，纽约成为美国的临时首都，美国第一任总统乔治·华盛顿在这里就职。20世纪初，纽约成为世界上最大的城市之一，与伦敦、巴黎等城市齐名。现在，它是美国的第一大城市和第一大港口，以及经济、商业、贸易、文化中心。

# 纽约公共图书馆

目前，纽约公共图书馆已经有 90 多家分馆，成为纽约城市文化的重要组成部分。

纽约公共图书馆有超过 5 600 万件藏品，藏有许多珍贵手稿和古籍，例如哥伦布的亲笔书信、杰斐逊手写的《独立宣言》，等等。

纽约公共图书馆作为一个著名的文化地标，曾出现在众多电影中，例如《蒂凡尼的早餐》《蜘蛛侠》《后天》。

纽约公共图书馆的总部位于纽约第五大道的史蒂芬·施瓦茨曼大楼。这栋大楼竣工于 1911 年。

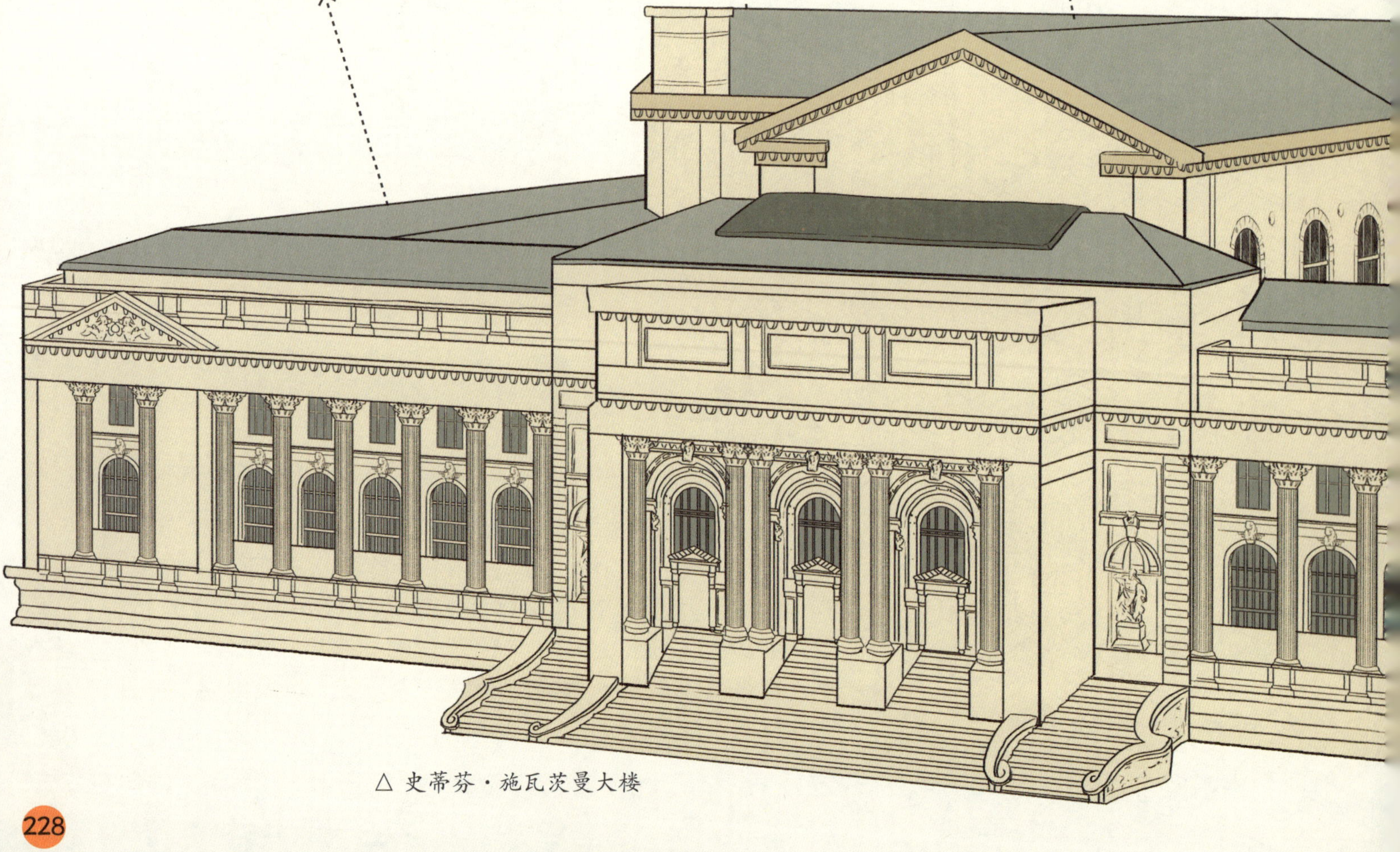

△ 史蒂芬·施瓦茨曼大楼

△ 狮子雕像

图书馆门前有两只石狮子，一只叫作“阿斯特狮”，一只叫作“莱努克斯狮”，是为了纪念最早的两位捐赠者而设立的。在美国经济大萧条时期，这两只狮子又被命名为“忍耐”与“坚强”。

## 因遗嘱诞生的图书馆

最初，纽约所在的这片土地是北美印第安人的居住地。1626 年，荷兰人从印第安人手中购买了这片土地，将其命名为“新阿姆斯特丹”。1664 年，这里被英国人抢占，并改名为“纽约”（New York），即“新约克”。

19 世纪后期，纽约已经成为一个大都市，纽约人开始注重城市文化的发展。

美国人蒂尔登留下遗嘱，愿意捐赠 240 万美元在纽约建造一个图书馆，他的遗嘱执行人后来建议蒂尔登信托基金会与阿斯特图书馆、莱努克斯图书馆合并。1895 年，纽约公共图书馆成立。

如今，纽约公共图书馆仍在提供知识服务、教育机会、娱乐和公益服务等方面发挥着重要作用。

# 华盛顿将军辞职

1783 年，美国独立战争结束。之后，大陆军总司令乔治·华盛顿解散了大陆军，辞去了所有职务，回归田园生活。
美国独立战争是指 1775—1783 年，北美 13 个殖民地反对英国的殖民统治、争取民族独立的革命战争。英国于 1783 年正式承认美国独立。
1783 年 12 月 23 日，华盛顿在马里兰州议会大厦辞去大陆军总司令职务。

华盛顿在美国独立战争和建国过程中扮演了极其重要的角色，被称为“美国开国元勋”之一。
华盛顿在递交辞呈时，在议会大厅中进行了简短的演讲。
1789年，华盛顿成为美国首任总统。为了纪念他和航海家哥伦布，美国人将首都命名为“华盛顿哥伦比亚特区”。

## “来克星顿的枪声”

1775 年 4 月 19 日，英军企图摧毁北美洲反英民兵的军火库，却在来克星顿附近遭到民兵伏击，损失惨重。“来克星顿的枪声”意义重大，它揭开了美国独立战争的序幕。

## 世界上移民最多的国家

美国所在的地方原本是印第安人的聚居地。15 世纪末，西班牙、荷兰、法国、英国人等开始来到北美洲。数百年来，迁入美国的移民总数超过 5 000 万。

## “一分钟人”

为了反抗殖民者，北美洲许多地方的人都参加了抵抗英军的战斗。在英军快要来的时候，他们就拿起武器走出家门；击退英军后，他们就回归日常生活。像这样能够快速转换身份的人，在来克星顿被称为“一分钟人”。

## 最早确定国鸟的国家

美国是世界上最先确定国鸟的国家，他们的国鸟是外观美丽、性情凶猛的白头海雕，象征着勇猛、力量和胜利。

## 农场主总统

华盛顿是美国第一任总统，也是美国独立战争期间的大陆军总司令。他出生在一个农场主家庭，在 1789 年和 1793 年当选为美国的总统。1796 年，他公开表示不再出任总统，开启了美国总统任期一般不超过两届的先例。

## 勤奋的发明大王

爱迪生一生拥有 1 000 多项重要的发明，包括对世界影响极大的留声机、活动电影摄影机、钨丝灯泡等。他凭借自身的勤奋，为人类的文明与进步做出了巨大的贡献，被誉为“发明大王”。

## 风筝实验

本杰明·富兰克林是美国著名的政治家和发明家。据传，他曾经利用风筝做实验，证实了雷电与摩擦产生的电具有相同性质，并基于该实验制作了避雷针。

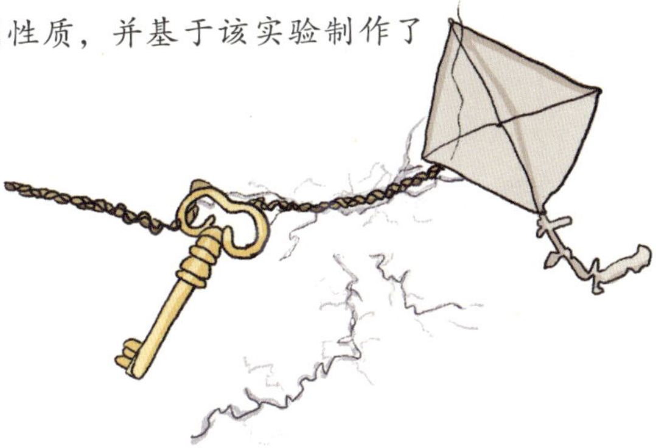

## “山姆大叔”

据说在19世纪初，纽约商人塞缪尔在给军队供应的牛肉桶上写有“US”字样，有人开玩笑说这一定是指“山姆大叔”（Uncle Sam），而US恰好又是美国（United States）的缩写，于是，“山姆大叔”逐渐成了美国的绰号和拟人化形象。

## 重要的契约

1620年，一批英国移民在开往北美洲的五月花号船上共同签署了《五月花号公约》。这份只有约200字的公约，成为对美国影响十分深远的一份政治性契约。

## 打破黑人奴隶的枷锁

美国南北战争时期，总统亚伯拉罕·林肯于1862年发表了《解放黑人奴隶宣言》，这使得南部叛乱州的黑人奴隶在法律上成为自由人，为扭转南北战争的局面起到了关键作用。

## 美国最大的州是买来的

阿拉斯加州是美国面积最大的一个州，这里矿产丰富，战略位置重要。1867年，美国花了720万美元从俄国手上买来阿拉斯加州，算下来每平方千米的土地不到5美元。不过，当时的美国人并不认为买块荒凉的土地是笔好买卖，还讥讽阿拉斯加州是“约翰逊总统的北极熊花园”。

▲ 自由女神像

# 美国历史大事记

**公元 1607 年**

英国在北美洲建立了詹姆斯敦，从此拉开了英国在北美洲建立殖民地的序幕。

**公元 1620 年**

五月花号船由英国的普利茅斯出发，抵达北美洲的科德角（位于现在的美国马萨诸塞州）。

**公元 1664 年**

英国从荷兰手中夺取了新阿姆斯特丹，并将它改名为“纽约”。

**公元 1773 年**

为抗议英国政府，波士顿港口上英国东印度公司的 342 箱茶叶被殖民地的人们倒进海中，这就是“波士顿倾茶事件”。

## 纽约的摩天大楼 ▶

美国被视为摩天大楼的发源地，而纽约作为美国最大的城市，在摩天大楼的发展历史上扮演着重要的角色。早在 20 世纪 30 年代，这里就已是摩天大楼林立的景象。如今，我们在欣赏这座城市的天际线时，常常会为那些高耸入云的摩天大楼所震撼。

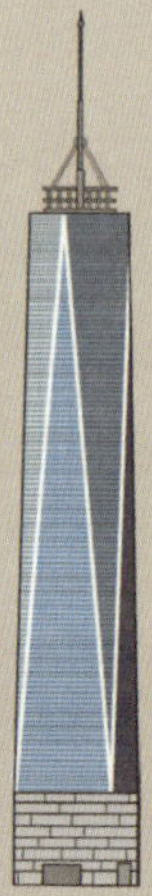

**世界贸易中心一号楼**

**帝国大厦**